Le socialisme cubain

Leo Huberman
Paul M. Sweezy

Le socialisme cubain

Traduit de l'américain par
Marcel Roques

éditions anthropos paris

15, rue Racine, PARIS 6e

Socialism in Cuba

Copyright 1969 by Paul M. Sweezy
and the Estate of Leo Huberman

Published by Monthly Review Press

116 West 14th Street New York N. Y. 10011
33/37 Moreland Street, London, E.C. 1, England

Tous droits réservés pour la langue française

Si... nous devions choisir entre le communisme et tous ses risques, et la société actuelle, avec toutes ses souffrances et injustices ; si l'institution de la propriété privée avait comme conséquence inéluctable de répartir le produit du travail comme il l'est aujourd'hui, c'est-à-dire à l'inverse de l'effort fourni — la plus grosse part pour ceux qui ne font rien du tout, la suivante pour ceux dont le travail est presque inexistant, et ainsi de suite en descendant l'échelle, la rémunération diminuant au fur et à mesure que l'ouvrage devient plus dur et plus déplaisant, au point que les ouvriers exécutant les travaux épuisants ne puissent avoir la certitude de se procurer les marchandises les plus indispensables ; si l'alternative était entre cela et le communisme, tous les inconvénients, petits ou grands, du communisme, ne pèseraient pas plus dans la balance qu'un grain de poussière.

JOHN STUART MILL

Principes d'Economie Politique
(troisième édition et suivantes)

PREFACE

Un titre bref ne peut révéler complètement le contenu d'un livre. « Le Socialisme Cubain » ne fait pas exception. Il nous paraît donc utile, au début, d'expliquer brièvement au lecteur le but de cet ouvrage.

Certains problèmes sont communs à tous les pays qui ont entrepris une révolution socialiste — c'est-à-dire ceux où le pouvoir d'Etat de la bourgeoisie et de ses alliés intérieurs et extérieurs a été renversé, où un nouveau gouvernement et une armée représentant les intérêts des classes exploitées ont pris sa place, et où l'ensemble ou la plus grande partie des moyens de production ont été transférés du secteur privé au secteur public. Avant la révolution, la structure de base de la société et l'évolution de l'économie étaient déterminées par les forces du marché intérieur et international. Si cette situation était maintenue après la révolution, on aboutirait plus ou moins rapidement à un retour au « statu quo ante ». Mais si le gouvernement révolutionnaire veut sérieusement construire une nouvelle société, qualitativement différente de l'ancienne, la structure de

*l'économie et son fonctionnement doivent être transfor-
més, afin de permettre à la volonté et à la conscience
de l'homme de remplacer les forces socio-économiques
aveugles du système capitaliste-impérialiste. Cela signifie
que le gouvernement révolutionnaire lui-même doit se
substituer à ces forces, en tant que guide et moteur du
développement économique et social. Inévitablement, il
se trouve ainsi confronté à toute une série de problèmes,
concernant les objectifs à atteindre, les moyens de les
réaliser, et les obstacles à franchir. Quels sont ces problèmes ? Comment se sont-ils posés à Cuba, et qu'a fait
le gouvernement révolutionnaire pour les résoudre ?
Telles sont les principales questions auxquelles ce livre
tente de répondre.*

*Depuis un demi-siècle, des révolutions socialistes ont
eu lieu dans des pays qui réprésentent environ le tiers
de la population mondiale. Une abondante littérature
est consacrée à la manière dont les problèmes se sont
posés et ont été résolus dans chacun de ces pays, ou
même dans des groupes de pays. Cependant Cuba, le
plus jeune des pays socialistes, fait exception. Peu d'ouvrages lui ont été consacrés, et de plus, certains d'entre
eux ne traitent que de tel ou tel aspect de la question.
« La transformation économique de Cuba », d'Edward
Boorstein, est un livre excellent, mais il est pour l'essentiel limité aux années 1960-1963, pendant lesquelles l'auteur exerça des fonctions importantes au sein du gouvernement révolutionnaire. « L'agriculture socialisée à
Cuba », de Michel Gutelman, est également une très
bonne étude, basée sur trois années de travaux et
d'observations au service du gouvernement révolutionnaire. On peut en dire autant d' « Organisation et rapports de production dans une économie de transition
(Cuba) », de I. Joshua. Mais ces deux ouvrages de
jeunes économistes français sont limités à l'économie
agricole. Notre propos est plus ambitieux : nous voulons
englober à la fois l'ensemble de la période révolution-*

naire et tous les problèmes économiques. Notre dernier chapitre est consacré au lien entre l'économie et la politique cubaines.

Naturellement, nous avons largement puisé dans les œuvres de Boorstein, Gutelman et Joshua, et nous exprimons nos remerciements à ces « pionniers ». Nos emprunts à d'autres livres ou écrivains sont signalés par des références spéciales, placées en bas des pages. Pour le reste, nous nous sommes appuyés sur nos propres observations, sur nos discussions avec des douzaines d'experts cubains ou étrangers, et sur l'étude des diverses publications cubaines. Nous avons visité Cuba deux fois en 1960, et publié ensuite notre premier livre : « Cuba, Anatomie d'une révolution » ; l'un de nous y est retourné en 1961 et en 1965. Et nous nous sommes trouvés ensemble à Cuba, de nouveau, en février et mars 1968. Nous aurions aimé remercier nommément les nombreuses personnes, résidant ou non à Cuba, sans l'aide desquelles ni cet ouvrage, ni le précédent n'auraient pu être écrits. Mais nous sommes conscients du fait que presque tout, dans ce livre, est sujet à controverse. Nous ne voudrions pas que des opinions et des conclusions dont, en dernière analyse, nous sommes seuls responsables, puissent être injustement attribuées à ces personnes. Il nous a donc paru préférable de supprimer toutes références, à l'exception de celles qui sont explicitement signalées dans le texte ou les notes figurant au bas des pages. Ceux qui nous ont généreusement prodigué leur temps et leurs conseils sauront à qui s'adressent nos remerciements, et ceux qui ont le plus influencé notre jugement retrouveront peut-être quelques-unes de leurs idées ou convictions dans ce que nous avons écrit.

Pour la seconde fois en trois ans, j'ai le triste privilège d'achever et de signer seul la préface d'un livre

écrit en collaboration. Léo Huberman est mort à Paris le 9 novembre 1968. Mais une fois de plus, comme ce fut le cas pour « Le capital monopoliste » que j'écrivis avec Paul Baran, je peux affirmer que cela n'a pas modifié le caractère de notre ouvrage, fruit d'un travail commun. Mon partenaire est parti en Europe le 23 octobre. Deux jours avant son départ, nous avons consacré plusieurs heures à revoir ensemble neuf des onze chapitres. Il fut entendu que je m'occuperais de vérifier et de corriger les deux derniers. J'en envoyai un à Léo, à Londres, une semaine après son départ, et après avoir apporté quelques modifications il donna son accord. Il ne restait plus donc à envoyer à l'imprimerie, après sa mort, qu'un seul chapitre, à propos duquel nous étions d'accord sur le fond.

Paul M. Sweezy.

New York.
1er janvier 1969.
Dixième anniversaire de la Révolution cubaine.

CHAPITRE PREMIER

LA NECESSITE DU SOCIALISME

Certaines nations sont pauvres parce qu'elles manquent de ressources naturelles. Mais ce n'est pas le cas des pays latino-américains. Ils possèdent en abondance tout ce qu'il faut pour être riches. L'Amérique latine est en tête de tous les continents pour les sols cultivables à haut rendement et les réserves de bois de charpente. On y trouve en abondance tous les métaux nécessaires au développement industriel (cuivre, étain, fer, argent, or, zinc, plomb) ainsi que le pétrole et l'énergie hydro-électrique.

Cependant, les peuples latino-américains sont désespérément pauvres. Les statistiques présentées au parlement des Etats-Unis par l'ancien président John F. Kennedy, le 14 mars 1961, dans son message proposant le programme « Alliance pour le progrès », sont éloquentes :

« Le produit annuel moyen par habitant est seulement de 280 dollars, moins que le neuvième de celui des Etats-Unis, et dans de vastes régions, comptant des millions d'habitants il est de moins de 70 dollars...

« L'espérance de vie, en moyenne, pour l'Américain, est de 70 ans. Pour le Latino-Américain, elle n'est que de 46 ans... Notre taux de mortalité infantile est inférieur à 30 pour mille. En Amérique latine, il atteint 110 pour mille...

« Près de 50 pour cent des adultes sont analpha-

bêtes. Dans un pays, cette proportion atteint 90 pour cent. Et près de la moitié des enfants ne sont pas scolarisés...

« Dans l'une des plus grandes métropoles d'Amérique du Sud, un tiers de la population vit dans des taudis malsains. Dans un autre pays, 80 pour cent de la population est logée dans des baraquements et des bidonvilles...

« La pauvreté, l'analphabétisme, le désespoir et la conscience de l'injustice — générateurs de troubles sociaux et politiques — tel est le lot de presque tout le continent latino-américain. »

M. Kennedy ne s'est pas contenté de décrire les besoins. Il a aussi proposé des solutions : « Un programme pour l'amélioration de l'agriculture, pour l'éducation, la santé publique, le logement... Il y a nécessité urgente d'une production agricole plus élevée et plus diversifiée, d'une meilleure distribution de la richesse et du revenu, et d'une plus large participation au processus de développement. »

Les déclarations de M. Kennedy sur l'acuité des problèmes et sur les moyens de les résoudre convainquirent le Congrès des Etats-Unis. Celui-ci adopta son programme d'aide « Alliance pour le progrès ». Aujourd'hui, huit années plus tard, il est devenu évident pour presque tout le monde que ce programme avait un important défaut : il était inapplicable. Non pas parce que les crédits alloués étaient insuffisants. Il n'aurait pas mieux fonctionné avec dix fois plus de dollars.

Il était inapplicable parce qu'il ne diminuait en rien l'exploitation impérialiste, cause fondamentale de la misère que les Etats-Unis prétendaient soulager. Les pays latino-américains regorgent de ressources naturelles, mais leurs peuples sont pauvres parce que leurs économies sont déséquilibrées ; les richesses issues de ces ressources naturelles sont confisquées par les sociétés monopolistes des Etats-Unis, qui ont dénaturé ces économies en les concentrant sur l'extraction de ma-

tières premières, réalisant ainsi de gros profits. La terre, lorsqu'elle n'est pas entre les mains des intérêts étrangers, appartient aux bourgeoisies locales — la traditionnelle aristocratie des hobereaux, maintenant intimement liée à la bourgeoisie financière, commerciale et industrielle. La plus grande partie de la terre n'est pas cultivée, et le reste est sous-exploité. Rien de fondamental ne changera tant que les deux groupes dominants — les capitalistes locaux et étrangers — ne seront pas contraints d'abandonner leur pouvoir, leurs biens et leurs privilèges, tant que les structures économiques et sociales de ces pays latino-américains ne seront pas radicalement modifiées. Le peuple restera affamé.

Le programme d'aide n'a pas servi les buts affirmés par M. Kennedy parce qu'il n'a pas donné aux pays latino-américains une véritable indépendance. Il n'a pas brisé la mainmise économique de l'impérialisme des Etats-Unis sur tout le continent. Sans une indépendance authentique, ces pays resteront en fait des appendices coloniaux de la métropole nord-américaine. Leurs difficultés essentielles découlent précisément de leur histoire passée, et de leur statut actuel de dépendance coloniale.

Mais l'indépendance politique, malgré son extrême importance, n'est pas suffisante. Les pays latino-américains doivent également conquérir leur indépendance économique. L'indépendance économique, cela signifie qu'ils doivent établir leur propre contrôle de leur surplus économique, afin qu'ils puissent le transformer en investissements productifs, capables d'assurer le développement planifié de toute la nation. Elle implique ces changements sociaux à grande portée qui s'appellent révolution et socialisme.

Dans le *New York Times Magazine* du dimanche 4 décembre 1960, le sénateur Mike Mansfield s'est penché sur ce qu'il a appelé « le problème essentiel de l'Amérique latine ». Voici ce que doit faire, selon lui, toute nation latino-américaine qui désire assurer son développement :

1. Elle doit agir, tout d'abord, pour remédier, dans les domaines de l'alimentation, du logement et de la santé, aux insuffisances les plus criantes dont souffrent des dizaines de millions de gens.

2. Elle doit améliorer l'agriculture en diversifiant les cultures, en élargissant la propriété terrienne, en développant les surfaces cultivables et en introduisant les techniques agricoles modernes sur une vaste échelle, afin d'accroître la production, et particulièrement celle des denrées alimentaires.

3. Elle doit assurer la création régulière d'industries nouvelles.

4. Elle doit liquider l'analphabétisme en quelques années, et assurer l'éducation d'un nombre toujours croissant de techniciens hautement spécialisés et de professionnels capables de faire fonctionner les installations les plus modernes.

5. Elle doit développer ses moyens de transport et de communication, afin que les zones de l'intérieur ne soient plus isolées les unes des autres, et ne soient plus coupées des régions côtières.

Ce qui est intéressant, dans cette excellente ordonnance médicale, destinée à porter remède aux maladies dont souffrent les pays latino-américains, c'est qu'elle est régulièrement présentée depuis des années par toutes sortes de médecins compétents. Ce traitement a déjà été recommandé, en ce qui concerne Cuba, par l'Association de Politique Etrangère en 1935, par la Banque Mondiale en 1950, et par le ministère du Commerce des Etats-Unis en 1956. Mais le remède n'a jamais été administré, jusqu'à l'arrivée au pouvoir du gouvernement révolutionnaire. Maintenant, enfin, les choses qu'il fallait faire ont été faites, les mesures qu'il fallait prendre ont été prises pour que Cuba, atteinte d'une grave maladie, recouvre la santé. Ce que le sénateur Mansfield, l'Association de Politique Etrangère, la Banque Mondiale, le ministère du Commerce et le président Kennedy avaient recommandé est en voie de réalisa

tion, grâce au socialisme. Mais le remède n'est appliqué dans aucun des pays capitalistes, coloniaux, de l'Amérique latine. Et il ne peut être appliqué, pensons-nous, dans ces pays tant qu'ils n'auront pas réalisé leur propre révolution socialiste.

Telle est la leçon de la Révolution cubaine, une leçon très importante pour toutes les nations latino-américaines. L'expérience de Cuba démontre qu'une révolution sociale est l'indispensable condition préalable de tout développement économique, de tout progrès social. L'adoption d'une économie planifiée a permis à Cuba de jeter les bases d'une société équilibrée, instruite, florissante, riche bientôt, d'une société au sein de laquelle il sera possible de transformer la nature même de l'homme.

CHAPITRE II

L'EDUCATION

Dans le discours célèbre, intitulé « L'histoire m'acquittera », qu'il prononça à son procès, au lendemain de la tentative infructueuse des révolutionnaires de s'emparer du Fort Moncada, le 26 juillet 1953, Fidel Castro parla de six problèmes « qu'il faudrait d'urgence commencer à résoudre » — les problèmes de la terre, de l'industrialisation, du logement, du chômage, de la santé et de l'éducation. C'est à ces mêmes problèmes que le sénateur Mansfield et le président Kennedy avaient fait allusion.

Le régime révolutionnaire prit le pouvoir le 1ᵉʳ janvier 1959. Immédiatement, ainsi qu'il l'avait promis, il prit les premières mesures destinées à résoudre ces problèmes. Et neuf ans plus tard, le 11 février 1968, dans un article de son envoyé spécial à La Havane, Juan de Onis, le *New York Times* écrivait que les progrès sont incessants :

« Cuba, sous une dictature révolutionnaire, poursuit son programme avec plus de détermination et plus rapidement que la plupart des autres pays d'Amérique latine.

« Dans les domaines de l'éducation de masse, de la santé publique, de la modernisation rurale, de l'utilisation des surfaces cultivables, de la diversification économique, des réformes administratives et des échanges

extérieurs, Cuba a réalisé d'importants progrès sous Fidel Castro. »

En matière d'éducation et de santé, les réalisations cubaines ont été particulièrement remarquables. Nulle part ailleurs dans le monde, à l'exception peut-être de pays socialistes tels que l'Union Soviétique et la Chine, autant n'a été fait en si peu de temps.

A Cuba, comme dans tous les pays sous-développés, le pourcentage d'analphabètes était particulièrement élevé dans les zones rurales. En 1960, Fidel expliqua les faits au peuple cubain. Il demanda qu'un millier d'hommes et de femmes, ayant une instruction équivalente ou supérieure à la deuxième année de lycée, se portent volontaires pour se rendre dans les régions les plus reculées, afin d'apprendre au peuple à lire et à écrire, et de lui enseigner des principes d'hygiène corporelle et alimentaire.

Cinq mille personnes de tous âges et de toutes origines répondirent à son appel, y compris des médecins et des ingénieurs dont les candidatures furent refusées parce que la révolution avait un urgent besoin de leurs talents.

Ces instituteurs bénévoles ont reçu une formation spéciale dans des camps établis dans les montagnes. Chacun d'eux eut la responsabilité de 50 élèves. On faisait la classe dans la journée pour les jeunes et le soir pour les adultes.

Ce n'était qu'un début. En septembre 1960, à l'Assemblée générale des Nations Unies, Fidel Castro annonça qu'une grande campagne contre l'analphabétisme serait lancée dans son pays le 1er janvier 1961. Et elle le fut. L'année 1961 fut baptisée, à juste titre, « Année de l'Education ». La population tout entière fut mobilisée pour éliminer l'analphabétisme. L'invasion de la Baie des Cochons commença le samedi 15 avril. Fidel put annoncer au peuple, le dimanche 23 avril, après la défaite des contre-révolutionnaires, que la nation pouvait s'enorgueillir du fait que le programme

d'alphabétisation avait continué pratiquement sans interruption pendant toute la durée des combats.

Un aussi surprenant dévouement et une telle discipline s'expliquent par le caractère prodigieux de la tâche que s'était fixée le gouvernement révolutionnaire : en finir avec l'analphabétisme en une seule année. Comprenons bien ceci : 23,6 % de la population, soit une personne sur quatre, ne savait ni lire ni écrire. On peut concevoir aisément les difficultés de l'entreprise : couvrir l'ensemble du pays, dénombrer les illettrés, former une véritable armée à sa tâche éducative, imprimer des milliers de livres, à la fois pour les maîtres et les élèves. Ensuite, les enseignants volontaires, âgés de 10 à 60 ans, ont dû organiser des cours dans les écoles, les maisons, les magasins, les bureaux et les usines. La plus grande partie d'entre eux s'en allèrent vivre dans les campagnes les plus éloignées et les plus isolées pour éduquer des paysans (le doyen des « élèves » avait 106 ans) dont beaucoup n'avaient jamais tenu un livre entre leurs mains.

Le « corps enseignant » compta 268 420 membres, dont 120 632 étaient des « éducateurs populaires ». Il s'agissait d'adultes qui, s'inspirant du mot d'ordre « le peuple doit éduquer le peuple », donnaient des cours pendant deux heures chaque jour, en plus de leur travail normal. Deux de nos amis furent des « éducateurs populaires » : la femme donnait des cours à des jeunes filles qui travaillaient dans son quartier ; le mari s'occupait des ouvriers de l'usine dont on lui avait confié la direction.

Le fils d'un autre de nos amis, âgé de 13 ans, était un *brigadista.* Il y en avait 100 000 comme lui. Lorsque commencèrent, au mois de mai, les vacances scolaires, il fut envoyé à Varadero dans un centre de formation, où il fit un stage de quinze jours. Il se rendit ensuite dans les montagnes, où il passa l'été avec une famille paysanne, aidant aux travaux agricoles, et apprenant à tous à lire et à écrire. Des jeunes filles devin-

rent également *brigadistas*, et enseignèrent dans les régions rurales, mais elles vivaient en groupe, sous la responsabilité d'un professeur de lycée.

En septembre, quand il devint évident que les étudiants *brigadistas* et leurs élèves ne pourraient venir à bout de leur tâche, on fit appel à des renforts. Plus de 13 000 ouvriers répondirent à cet appel. Ils constituèrent la brigade « *Patria o muerte* », qui se rendit rapidement dans les campagnes pour aider les *brigadistas*. Dans les usines et les bureaux désertés par les membres de cette brigade, le travail ne se ralentit pas, grâce à un effort accru des camarades des nouveaux volontaires.

Enfin, suprême renfort, 34 772 des 36 000 instituteurs cubains s'enrôlèrent volontairement pour donner aux *brigadistas* les conseils techniques nécessaires et assurer la complète réalisation du programme d'alphabétisation.

La tâche était à ce point immense que la société entière dut être mobilisée. Dans la presse, dans des meetings publics, dans les usines, les bureaux, les entreprises agricoles, le peuple était encouragé : « Si vous savez, enseignez ; si vous ne savez pas, apprenez. » La radio et la télévision lancèrent le mot d'ordre : « Chaque Cubain est un professeur ; chaque maison est une école. » Les organisations de masse firent de la propagande parmi leurs membres. Les poètes écrivirent des poèmes. Les artistes peignirent des tableaux et dessinèrent des affiches, les compositeurs firent des chansons. La presse rendait compte sous de gros titres des progrès réalisés. Elle publiait des photographies des participants à la campagne, des lettres écrites par les maîtres et les élèves. Toute la nation se trouva engagée dans le grand mouvement révolutionnaire pour l'élimination de l'analphabétisme.

Quelques-uns des illettrés avaient honte de leur ignorance, et tentèrent de dissimuler le fait qu'ils ne savaient ni lire ni écrire. Les banques, les bureaux de

poste, les tribunaux furent chargés de les dépister. On insista ensuite auprès d'eux pour qu'ils participent à l'effort commun. Un million et demi d'exemplaires de *Venceremos* (nous vaincrons), livre élémentaire de quinze leçons, illustré de photographies représentant les divers aspects de la vie à Cuba, furent distribués. Chaque leçon était à la fois simple et courte. Les élèves capables de lire les quinze, puis capables d'adresser une lettre à Fidel, passaient l'examen final. Ils avaient alors droit à un manuel leur permettant de poursuivre l'étude.

Dans un faubourg de La Havane, il y a un joli petit musée où des enregistrements, des comptes rendus, des statistiques, des photographies de la campagne d'alphabétisation sont conservés. Nous avons ouvert au hasard le recueil des lettres adressées à Fidel, et nous avons trouvé celle-ci :

El Ingle, 14 juin 1961

Dr Fidel Castro
Premier Ministre

Je vous écris ces quelques lignes pour vous dire que je ne savais ni lire ni écrire et je vous remercie, vous qui avez mis en pratique le programme d'alphabétisation, ainsi que les maîtres qui m'ont instruit. Je peux déjà lire et écrire. Je suis un « miliciano » et je travaille à la coopérative Rogelio Perea, et j'aimerais que vous veniez la visiter.

Vive la révolution socialiste.
Patria o Muerte.
Venceremos.
Sincèrement à vous.

Félix D. Pereira Hernandez.

Deux tableaux, tous deux extraits du *Rapport sur les voies et moyens employés à Cuba pour vaincre l'analphabétisme* [1] publié en 1965 par le Conseil Econo-

----

1. Voir page 29 du Rapport.

mique et Social des Nations Unies (U.N.E.S.C.O.) donnent les pourcentages de ceux qui apprirent à lire et à écrire, et de ceux qui demeurèrent illettrés.

TABLEAU I

Nombre total des personnes
ayant bénéficié de la campagne contre l'analphabétisme
(par provinces, et selon le lieu de résidence, rural ou urbain)

Province	Dans les villes	A la campagne	Total
Pinar del Rio	14,754	50,717	65,461
La Havane	71,712	19,749	91,461
Matanzas	14,218	20,670	34,888
Las Villas	46,559	84,921	131,480
Camagüey	21,075	62,611	83,686
Oriente	62,739	237,487	300,226
Total	231,057	476,155	707,212

A la fin de la campagne, le pourcentage d'illettrés était le suivant :

TABLEAU II

Nombre total de personnes demeurées illettrées (1961)
(par provinces)

Province	Population	Illetrés	Pourcentage
Pinar del Rio	500,581	25,680	5,1
La Havane	1 858,112	27,319	1,4
Matanzas	427,088	13,802	3,2
Las Villas	1 121,800	43,766	3,9
Camagüey	757,111	42,081	5,5
Oriente	2 268,561	119,347	5,2
Total	6 933 253	271,995	3,9

« La campagne, indique le rapport de l'Unesco,[2] n'a

---

2. Voir page 72 du Rapport.

pas été un miracle, mais plutôt une conquête difficile, réalisée grâce au travail, à la technique et à l'organisation. »

—Le 22 décembre 1961, le programme d'alphabétisation prit officiellement fin. Le pourcentage d'illettrés était tombé de 23,6 % à 3,9 %. Jamais dans l'histoire de l'éducation, un pays n'avait obtenu de tels résultats. Pour mesurer l'importance de l'œuvre accomplie, il faut comparer ce chiffre victorieux de 3,9 % à ceux d'autres pays d'Amérique latine, publiés par le sixième rapport annuel (1966) sur « Les progrès socio-économiques en Amérique latine »[3] :

« Selon les dernières estimations publiées par les pays latino-américains, environ 33 % des habitants du continent sont illettrés... Il y a de grandes différences entre les divers pays. Le pourcentage d'analphabètes va de 8,6 % en Argentine à 80 % à Haïti. Entre ces deux chiffres extrêmes, se trouvent des pays qui représentent la moyenne générale : en Equateur, le pourcentage d'illettrés était de 32,5 % en 1960. L'Argentine, le Chili, Costa-Rica, le Mexique, Panama, le Paraguay, l'Uruguay et le Venezuela se situent au-dessus de la moyenne. Les autres pays sont en dessous. »

La campagne contre l'analphabétisme à Cuba n'était que le premier coup de fusil de la bataille. Il ne s'agissait pas d'une entreprise de propagande, destinée à être arrêtée dès qu'elle aurait atteint son objectif. Elle était la base de succès ultérieurs spectaculaires dans le domaine de l'éducation. La plupart des paysans et des ouvriers, qui avaient appris à lire et à écrire pour la première fois de leur vie, lorsqu'un *brigadista* vint frapper à leur porte — un manuel et le drapeau cubain dans une main, une lampe à la paraffine, symbole de la campagne, dans l'autre — s'inscrivirent au *Seguimento* (cours complémentaire), et poursuivirent leur éduca-

---

3. Banque de développement inter-américaine (Washington, 1967), p. 31.

tion. Aujourd'hui, quelques-uns d'entre eux étudient dans une université. D'autres dirigent des entreprises, à la ville ou à la campagne. Certains exercent des fonctions dirigeantes dans le Parti ou le gouvernement.

Avant même que le rideau ne soit tombé sur la scène finale de la campagne d'alphabétisation, des plans avaient déjà été établis au ministère de l'Education pour développer l'instruction des ouvriers et des paysans. Ce plan prévoyait la coopération des syndicats, de la Fédération Cubaine des Femmes (F.M.C.), de l'Association Nationale des Petits Fermiers (A.N.A.P.), des Comités de Défense de la Révolution et d'autres organisations de masse. Apprendre à lire et à écrire n'était pas suffisant. Il fallait élever l'ensemble du peuple cubain au niveau du certificat d'études.

Les premiers cours complémentaires commencèrent le 24 février 1962.

Avant la révolution, il existait à La Havane et dans quelques-unes des plus grandes villes des cours pour adultes, mais pas dans les campagnes ni dans les villes de l'intérieur. Ces cours du soir étaient peu fréquentés. D'une part, les travailleurs n'avaient en général aucune envie d'y assister. D'autre part, les maîtres et les méthodes étaient les mêmes que pour les enfants. Enfin, rien n'était prévu pour les paysans. Au moment de l'avènement du pouvoir révolutionnaire, en 1959, il n'y avait dans tout le pays que 304 écoles du soir, avec 1 369 maîtres et 27 956 élèves, dont seulement la moitié assistaient régulièrement aux cours.[4]

Six ans après l'institution des cours de perfectionnement ouvriers et paysans, un demi-million de personnes avaient fréquenté ces écoles, dotées d'un matériel gratuit et adapté aux adultes. Grâce à leur maturité et leur expérience, les élèves progressèrent plus rapidement que ne le font les enfants. Plus de 300 000

---

4. Rapport de l'Unesco, op. cit., page 53.

d'entre eux ont déjà obtenu un diplôme équivalant au certificat d'études primaires. Un rapport du ministre de l'Education, daté du 4 janvier 1968, et qui n'a jamais été rendu public, dresse le tableau suivant :

« Les efforts d'une année de travail dans le domaine de l'éducation ouvrière et paysanne peuvent être illustrés par ces statistiques fondamentales : pendant l'année 1966, par exemple, trois listes furent établies, totalisant 550 837 adultes, dans les régions urbaines, montagneuses et dans les plantations de canne à sucre. Ils ont fréquenté 30 756 classes. Le pourcentage journalier d'assiduité aux cours était de 66 %. Les cours ont été donnés par 21 696 maîtres bénévoles et 8 899 professionnels. 258 000 personnes ont reçu des diplômes ordinaires ; 65 414 ont atteint le niveau du certificat d'études, et 10 976, celui du brevet. La promotion de 60 622 adultes, jeunes dans leur immense majorité, du premier au second niveau, a porté un coup puissant aux derniers vestiges de l'analphabétisme. »

Ce bilan révèle quelques-unes des nombreuses difficultés de ce programme ambitieux et massif, qui consistait à rendre l'éducation accessible aux pauvres, aux ouvriers et aux paysans dont le niveau culturel était très bas dans un passé récent. Le programme ne pouvait être rempli par les méthodes traditionnelles, dans des lieux et à des heures fixes. Il fallait tenir compte des horaires de travail des élèves, installer des écoles dans des régions rurales éloignées où rien n'existait précédemment. Des milliers d'amateurs, qui ignoraient tout de la pédagogie, devaient se transformer en « instituteurs ». Les trois listes, établies pour les « zones urbaines, sucrières et montagneuses », étaient par elles-mêmes une illustration de l'effort de différenciation nécessaire pour que la tâche de l'éducation tienne compte des impératifs de la production. Dans les zones urbaines, les cours avaient lieu de septembre à juillet, et dans les zones rurales, de juin à décembre, c'est-à-dire après la récolte de la canne à sucre. Dans les

montagnes enfin, ce sont les nécessités de la culture du café qui déterminaient la date des cours : de janvier à octobre.

A la campagne, les adultes utilisaient généralement les mêmes salles de classe que les enfants. (Parfois, en raison des travaux des champs, les cours avaient lieu à cinq heures du matin.) Dans les villes, maîtres et élèves se réunissaient dans les usines et les bureaux. La souplesse d'organisation était essentielle. Parfois, aussi bien dans les villes qu'à la campagne, il n'y avait pas assez d'élèves pour constituer une classe. Parfois aussi, des personnes âgées, qui auraient volontiers accepté d'apprendre à lire et à écrire sous la direction d'un *brigadista*, avaient honte de se rendre à l'école et de s'inscrire à un cours régulier. Il fallait alors parvenir jusqu'à eux, envoyer un « instituteur » dans leur propre maison. Les habitants d'un même quartier pouvaient se rendre chez un de leurs voisins pour participer à des séances de lecture sous la direction d'un maître bénévole. Sans un tel effort, sans les mesures prises pour stimuler le goût et l'habitude de la lecture, beaucoup de personnes auraient abandonné l'étude après avoir atteint seulement le premier objectif, savoir lire et écrire. Cette acquisition nouvelle aurait été le point final, et non le point de départ, de leur éducation.

Ce mot de l'apôtre José Marti : « Savoir lire, c'est savoir marcher », était souvent cité dans les programmes spéciaux de la radio et de la télévision préparés pour les ouvriers et les paysans. De plus, 50 000 exemplaires de la revue *El Placer de Leer* (Le plaisir de lire), conçue pour les nouveaux « lecteurs », avec des nouvelles nationales et internationales rédigées dans une langue simple, étaient distribuées gratuitement. C'est une affaire difficile que de faire de la lecture une nécessité et un plaisir pour des centaines de milliers de travailleurs de la ville et de la campagne, privés de toute culture, à qui même les journaux, pour ne pas parler des livres, étaient jusqu'ici pratiquement inconnus.

Le ministère de l'Education était parfaitement conscient de la difficulté de l'entreprise, comme nous avons pu le constater au cours d'un entretien avec Raoul Ferrer, directeur du programme d'éducation ouvrière et paysanne.

« Notre corps enseignant, nous dit-il, n'a pas une qualification suffisante. Il est préparé à sa tâche dans des instituts pédagogiques spéciaux. Mais, sur 30 000 instituteurs, 8 000 seulement fréquentent actuellement ces instituts. Nous avons en ce moment 26 séminaires, où s'instruisent 5 000 futurs professeurs.

« Nous voulons créer une université pour l'éducation des adultes. Nous devons dégager de notre propre expérience, la méthode par laquelle nous pourrons éliminer l'analphabétisme et élever le niveau culturel. Nous avons déjà découvert un principe fondamental : aucune éducation populaire n'est possible sans la participation directe des organisations auxquelles les masses appartiennent.

« Ouvriers d'industrie, agriculteurs, éleveurs, femmes, jeunes gens, chaque groupe requiert des méthodes particulières. Les mêmes livres et les mêmes techniques d'enseignement ne peuvent servir à tous. Nous adaptons constamment nos programmes aux besoins réels. Nous devons surmonter des obstacles difficiles : le manque de manuels et l'obligation de corriger des erreurs pratiques. Mais nous n'avons cessé de progresser parce que nous avons toujours su examiner notre travail d'une manière critique.

« Nous voulons que chaque ouvrier soit un étudiant, et que chaque étudiant soit un ouvrier. »

La « bataille du sixième degré » (niveau du certificat d'études, N. du T.) fut gagnée en 1966 par 65 414 ouvriers et paysans. 10 976 autres atteignirent un niveau plus élevé et purent entrer dans des instituts technologiques industriels ou agricoles, ou dans les « facultés ouvrières-paysannes » des universités de La Havane, Santa Clara et Santiago. (Combien d'ouvriers et de

paysans, à Cuba avant la révolution, et aujourd'hui même dans les autres pays latino-américains, pouvaient et peuvent aller à l'Université, inscription, livres, chambre et pension entièrement gratuites?) José Nazario Gonzalez, recteur de l'Université de Santa Clara, nous a déclaré en mars 1968 que 1 300 étudiants sur 5 000 étaient de simples travailleurs de l'industrie ou de l'agriculture.

Les ouvriers peuvent s'instruire non seulement dans des écoles, des instituts et des universités, mais aussi dans les usines. C'est ce que nous a appris Juan Ramirez Leiva, mouleur à l'usine de nickel de Nicaro. Juan est entré dans cette usine comme manœuvre, en 1963, à l'âge de 24 ans. Il savait lire et écrire, et possédait quelques rudiments d'instruction. En 1964, il s'inscrivit au cours d'un an organisé le soir, sur le lieu même du travail, pour apprendre des données générales de technologie. Sa journée de travail était de huit heures. Il en consacrait deux de plus à l'étude. Ensuite, il s'inscrivit, avec 23 autres ouvriers de l'usine, à des cours de six mois sur la technique du moulage et de la fonderie. Il compléta son instruction par des cours théoriques d'un an. A ce moment-là, il travaillait six heures par jour, et il consacrait quatre heures à l'étude. A la fin de cette période, au cours de laquelle il acquit à la fois la théorie et la pratique, il devint mouleur. Son salaire, qui était de 5,24 dollars par jour lorsqu'il était manœuvre, passa à 8,40 dollars.

« J'ai fait un an de service militaire dans les montagnes, nous a-t-il dit, et j'ai ainsi interrompu mes études pendant une année. Mais naturellement, je veux les reprendre. J'étais aux Jeunesses communistes, et maintenant, je suis membre du Parti. J'aime le travail politique, mais je préfère retourner à l'usine. Sur mes onze anciens camarades de classe, quatre sont membres du Parti, les autres non. »

Juan n'est pas une exception à Nicaro. 70 % des travailleurs de l'usine suivent, à des degrés divers, les

cours donnés par des techniciens. Dans une autre usine de nickel, près de Moa Bay, se trouve une partie des écoles de mécanique de l'Université d'Oriente. Les ingénieurs de l'usine assistent les professeurs. De nombreux ouvriers, comme Juan à Nicaro, y développent leurs connaissances. Ils deviendront ingénieurs à leur tour. Le travail pratique et l'étude ont fusionné. Le mouvement va dans les deux sens. Des étudiants deviennent ouvriers, comme Raul Ferrer l'avait espéré. A l'université d'Oriente, certains étudiants passent leur cinquième et dernière année dans des usines différentes, comme celles de Nicaro ou de Moa.

L'effort déployé pour donner la possibilité de s'instruire à la population adulte de Cuba est allé de pair avec de magnifiques réalisations du régime socialiste dans le domaine de l'éducation des enfants. Avant la révolution, l'instruction primaire à Cuba avait les mêmes caractéristiques que dans la plupart des pays d'Amérique latine. Elle était lamentable, qualitativement et quantitativement. On manquait d'écoles, surtout dans les campagnes. Il n'y avait pas assez d'instituteurs, et leur enseignement laissait à désirer. On manquait aussi de livres et de matériel scolaire. Les fonds destinés à l'instruction publique étaient détournés, et remplissaient les poches des hauts fonctionnaires du régime. Comment s'étonner, dans ces conditions, du pourcentage élevé d'analphabètes et d'ignorants ?

La révolution amena un changement immédiat et spectaculaire. L'éducation des masses devint un objectif primordial, et la décision fut prise de consacrer à cette tâche les ressources financières nécessaires.

« En 1958, moins des deux tiers des 737 000 enfants cubains âgés de 7 à 14 ans fréquentaient les écoles primaires, publiques ou privées, de la première à la sixième année. Mais comme une partie des enfants scolarisés étaient en dehors de la limite d'âge normale, la proportion d'élèves âgés de 7 à 14 ans ne dépassait pas 50 %. Quatre années plus tard, en 1962, l'effectif des

écoles primaires était estimé à 1 350 000, et environ 80 %
des enfants de 7 à 14 ans étaient scolarisés. »[5]

En quatre ans juste, la scolarisation était passée
de 50 à 80 %. On peut facilement imaginer ce que
signifie un tel progrès : construction de nouveaux bâtiments scolaires, impression de nouveaux manuels, fourniture de matériel éducatif, formation des professeurs.
Dans ce dernier domaine, comme dans les autres profes-
sions, il y a eu un exode vers Miami de milliers de
personnes parmi les plus qualifiées. Comment Cuba fait-
il face au problème de la formation de la véritable
armée des nouveaux éducateurs nécessaires à la mise
en œuvre de son programme ambitieux ?

Le contraste avec les Etats-Unis est frappant. Dans
notre opulente société de consommation, l'enfance, particulièrement dans les classes riches et moyennes, peut
être une période prolongée de vie paisible, à l'abri des
soucis, et avec un minimum de responsabilités. Il n'en
est pas ainsi à Cuba où le manque de main-d'œuvre
qualifiée — caractéristique du sous-développement —
nécessite la participation de la population tout entière,
y compris les enfants, à la lutte courageuse pour la
construction d'une nouvelle société.

La formation des instituteurs primaires, à Cuba,
commence dès le certificat d'études. Les élèves passent
les cinq années suivantes dans des pensionnats où la
vie est austère, le travail dur, et la discipline stricte.
Ces conditions difficiles ont été établies dans un but
précis : au cours de leur formation, la plupart des instituteurs sont affectés de temps à autre à des écoles
situées dans des zones rurales ou montagneuses. On
estime qu'une vie ascétique les préparera mieux aux
conditions d'existence prévalant encore dans ces régions.

---

5. Dudley Seers (éd.) : « Cuba, la révolution économique
et sociale ». (Chapel Hill : University of North Carolina Press,
1964). Pages 223-224. Les cinq chapitres sur l'éducation, de
Richard Jolly, sont très détaillés et riches en informations.

Le premier maillon de la chaîne est un cours d'un an à l'école de Minas del Frio, au sommet de la Sierra Maestra, dans la province d'Oriente. Les matières enseignées sont les mathématiques, l'histoire, la géographie, la biologie, l'espagnol, et l'éducation physique.[6]

L'étape suivante est un cours de deux ans, sur un autre sommet montagneux, à l'école Manuel Asunce Domenech, située à Topes de Collantes, dans les montagnes d'Escambray, province de Las Villas. Les matières enseignées à Topes pendant la première année sont les mêmes qu'à Minas del Frio. La seule différence est que l'on étudie la biologie animale, et non plus la biologie végétale. Pendant la seconde et dernière année à Topes, on enseigne trois nouvelles matières : la physique, le dessin et la pédagogie.

Nous nous sommes rendus en jeep à l'école de Topes (celle de Minas n'est également accessible qu'en jeep ou à pied). Nous avons pu assister à des cours, converser avec des étudiants et des professeurs. Le directeur, Manuel Rua Rodriguez, et son adjointe Carmen Hernandez, nous ont fait visiter tous les bâtiments scolaires et nous ont expliqué comment ils étaient utilisés. L'école s'est étendue très loin au-delà des premiers bâtiments, qui abritaient autrefois un luxueux sanatorium privé. Pour recevoir les 7 100 étudiants, les 402 professeurs, les 407 membres du personnel administratif et de service et 300 ouvriers du bâtiment, une quantité de nouveaux immeubles, dortoirs, terrains de jeux et autres ont dû être construits. Cette immense « Ecole Normale », au sommet d'une montagne, devait être dotée de son propre système de distribution d'eau et

---

6. Dans un discours publié par « Granma », le 18 août 1968, le ministre de l'Education, José Llanusa Gobel, a indiqué qu'à l'avenir, Minas del Frio admettrait « seulement les étudiants de la province d'Oriente. Dans les autres provinces, il y aura d'autres écoles provinciales, également établies dans des zones rurales, de préférence en montagne ». Les seconde et troisième étapes du programme de formation des instituteurs resteront les mêmes.

d'électricité. Un grand amphithéâtre en plein air, où peuvent prendre place tous les étudiants, et où des films, toujours précédés d'un documentaire scientifique ou culturel, sont projetés le samedi soir, a été récemment construit. C'est l'un des nombreux projets réalisés l'année dernière dans le cadre du crédit de 2 millions de dollars alloué à de nouvelles réalisations scolaires.

La journée d'étude est longue, de six heures et demie du matin à dix heures et demie du soir. La soirée est consacrée aux devoirs et leçons, aux activités sociales et personnelles.

Les étudiants sont leurs propres domestiques. Ils lavent leur linge, font leur lit, font le ménage de leurs dortoirs surpeuplés, servent à table chacun leur tour. Dans le courant de la journée, ils aident aux travaux de construction. Les dimanches sont consacrés au repos, aux activités sportives. Beaucoup d'élèves pique-niquent dans les environs avec des amis ou des parents.

Les enseignants ont encore plus de travail que leurs élèves. La plupart d'entre eux sont des diplômés de Topes qui y poursuivent leurs études en assistant le samedi soir à des cours donnés par des professeurs de l'université de Santa Clara.

Au cours de nos conversations spontanées, et totalement privées, avec les garçons et les filles, dans leurs dortoirs séparés, nous eûmes une discussion approfondie avec Oscar Rivero, un jeune garçon noir de La Havane, aux yeux brillants. Il était entré à Minas del Frio en 1966, à l'âge de 15 ans. Comme, dès son enfance, il dut aider son père, il était en retard dans ses études. Quand il put finalement les achever et réussir son examen du sixième degré, il avait dépassé de deux ans l'âge normal d'admission à l'école de Minas del Frio. (Beaucoup d'étudiants sont aujourd'hui, comme Oscar, plus vieux que ne le seront leurs successeurs dans les écoles normales, lorsque toutes les séquelles de la période pré-révolutionnaire auront disparu.) Oscar préférait Minas à Topes

parce que « l'on y vivait plus près de la nature. Nous étions dehors presque tout le temps ».

« Avez-vous le mal du pays ? », lui avons-nous demandé.

« Pas spécialement. Ma mère est très heureuse que je poursuive des études difficiles.

— Que fait-elle ?

— Elle travaille dans une crèche.

— Quelle est votre matière préférée ?

— Les mathématiques. Mais en fait, je préfère le football et le travail manuel en plein air. Je fais mes devoirs le soir, de huit heures et demie à dix heures et demie.

— Etes-vous communiste ?

— Pas encore, mais j'espère être admis aux Jeunesses communistes cette année.

— Pourquoi ?

— Parce que les communistes sont ceux qui donnent l'exemple et entraînent les autres au travail et au progrès du pays.

— Est-ce que tous les étudiants sont des partisans enthousiastes de la Révolution ?

— Je l'espère. Mais personne ne peut en être absolument sûr. Qui sait exactement ce que pense son voisin ?

— Nous avons rencontré des gens qui nous ont dit que c'était mieux à Cuba avant la révolution. Que pensez-vous de cela ?

— Ce n'est pas vrai. C'est mieux maintenant, dans tous les domaines. Par exemple, le gouvernement permet aujourd'hui aux jeunes de faire des études. Il donne du travail aux ouvriers. Il crée des clubs ouvriers, des crèches et en général, il donne au peuple de meilleures conditions de vie que précédemment.

— Croyez-vous ce que vous dites, ou récitez-vous une leçon ?

— Je le vois.

— De quelle façon ?

« — S'il n'y avait pas eu la révolution, la plupart des avantages que nous avons aujourd'hui n'auraient jamais existé. J'aurais voulu aller à l'école quand j'étais enfant, mais je n'ai pas pu, il fallait que j'aide mon père. Ma famille vit mieux, dans tous les domaines, qu'avant la Révolution. Mes parents m'ont raconté leurs difficultés : le chômage, la faim, toutes sortes de problèmes. Maintenant, ils n'ont plus faim. Ils travaillent et s'instruisent. »

L'Institut Pédagogique Makarenko à Tarara, aux portes de La Havane, est l'étape finale de la formation des instituteurs. Les diplômés de Topes, ayant terminé les cours des huitième et neuvième années, vont étudier à Makarenko encore pendant deux ans, tout en pratiquant déjà leur futur métier. Le programme comprend les mathématiques, l'histoire, la géographie, les sciences, une langue étrangère, l'économie politique, la psychologie, l'éducation physique et la pédagogie. Dans la journée, ils enseignent dans 250 écoles de La Havane, fréquentées par 60 000 enfants. Les élèves de dixième année sont affectés aux « petites classes », et ceux de onzième année, aux enfants plus âgés. Dans la soirée, ils étudient. Voici l'horaire de ces jeunes gens, qui remplissent une tâche d'adultes responsables :

6 heures	: lever
6 h 30	: petit déjeuner
7 heures	: autobus pour La Havane
8 heures	: cours jusqu'à midi
12 heures - 14 h 30	: retour en autobus, déjeuner et repos
14 h 30 - 17 heures	: étude
17 heures - 18 heures	: éducation physique
18 heures - 20 h 30	: bain et dîner
20 h 30 - 23 heures	: cours

Samedi matin : préparation des cours de la semaine suivante.

Samedi après-midi et dimanche : repos.

Lorsque nous expliquâmes à quelques-uns des res-

ponsables de l'école Makarenko que cet horaire nous paraissait trop chargé, s'il devait être appliqué pendant une période prolongée, on nous répondit que les étudiants étaient « des soldats de l'armée de l'éducation » et que les élèves de Makarenko se considéraient comme tels.

Tel est le chemin que doivent parcourir les futurs instituteurs. Les étudiants qui se destinent à l'enseignement secondaire suivent une voie différente. Après neuf années d'études (c'est-à-dire après avoir atteint un niveau comparable au baccalauréat français), ils suivent pendant cinq ans les cours d'un institut pédagogique. A l'université de Santa Clara, les futurs professeurs consacrent à l'étude les première, troisième et cinquième années, et les deux autres à des stages d'enseignement.

Nous avons assisté à des cours donnés à tous les niveaux, certains par des diplômés de « Makarenko », d'autres par des instituteurs qui avaient été formés avant la Révolution. Ces visites nous ont été très utiles, et particulièrement celles que nous avons faites dans de nouveaux quartiers d'habitation de Santiago, établis sur l'emplacement d'anciens bidonvilles. L'école que nous avons vue portait un nom qu'il est difficile d'oublier : « Ecole maternelle de l'aube du 26 juillet ».

Pour des raisons sanitaires (nous pouvions être porteurs de microbes), nous ne fûmes pas autorisés à rentrer dans la première salle de classe. Nous pûmes voir, par les fenêtres, onze enfants âgés de deux à dix-huit mois, dont s'occupaient trois éducatrices portant sur le nez et la bouche des masques de gaze.

La seconde salle de classe comprenait 23 enfants, âgés de dix-huit mois à quatre ans et demi, confiés à quatre institutrices. Ils étaient en train de goûter. Les petits enfants constituent toujours un spectacle charmant. Mais nous avons été particulièrement impressionnés parce que nous avons vu là, pour la première fois, ce que nous avons vu par la suite dans toutes les salles de classe que nous avons visitées : les enfants,

noirs et blancs ensemble, partout, une intégration complète. La nouvelle génération cubaine sera complètement libérée de tous préjugés raciaux.

Le directeur nous dit que l'école avait été ouverte quelques semaines auparavant. Sa construction n'était pas achevée, et c'est pourquoi il n'y avait que 35 enfants. Mais l'école en recevra bientôt cent, et il y aura un maître pour cinq élèves, sans compter un personnel spécial pour la cuisine et le nettoiement. Les bâtiments étaient très clairs et bien équipés, avec des douches, des lavabos. Il y aura une infirmière en permanence tous les jours de six heures et demie du matin à six heures et demie du soir. Un médecin visitera l'école trois fois par semaine et davantage si cela est nécessaire. Au moment où nous partions, deux inspecteurs de la Santé Publique arrivèrent. Ils visitent les écoles chaque semaine pour vérifier les conditions d'hygiène, goûter la nourriture et contrôler la bonne application des règlements sanitaires.

Le nombre croissant des crèches et écoles maternelles donne aux mères de famille la possibilité de travailler et de faire des études. Leurs enfants étant en bonnes mains — les repas et les tabliers sont fournis gratuitement — les femmes cubaines peuvent réellement se libérer, participer à égalité avec les hommes aux travaux utiles, élever leur niveau culturel. La Fédération des Femmes Cubaines est très active en ce domaine et collabore avec le ministère de l'Education ouvrière et paysanne pour en finir avec l'infériorité sociale de la femme.

Un certain nombre de femmes participent comme « guides techniques » au remarquable programme des « Groupes d'Intérêt », ou « cercles pour le développement de l'intérêt du public pour les sujets techniques et scientifiques. »

Ces groupes se composent d'élèves de 10 à 15 ans, qui se rassemblent plusieurs fois par mois, en dehors des heures de cours, pour travailler leur sujet favori.

Quelque 178 000 enfants ont ainsi participé en 1968 à 13 956 cercles de niveau primaire et à 2 934 de niveau moyen. Nous nous sommes rendus, à La Havane, à une exposition consacrée aux résultats de leurs travaux, et nous avons été étonnés de l'étendue de leurs connaissances sur les sujets les plus divers : la culture de la canne à sucre, du café, du citronnier, la fabrication de glaces d'une qualité spéciale, nommée *Coppélia* (il existe à Cuba 44 variétés de glaces, les meilleures que nous ayions jamais goûtées), l'industrie de la pêche, la pluie et les nuages (une explication scientifique donnée par un enfant de 15 ans nous passa par-dessus la tête) ; et nombre d'autres matières scientiques et techniques. Le garçon de 10 ans qui fit la conférence sur le café, avec des cartes et des graphiques au tableau et une règle à la main, était si remarquable que nous le soupçonnâmes d'avoir appris son texte par cœur. Nous l'arrêtâmes au milieu de son discours pour lui poser des questions et nous pûmes nous rendre compte qu'il n'en était rien et qu'il possédait parfaitement son sujet. Après avoir visité les différents stands avec des groupes de jeunes qui s'accrochaient à nos basques pour nous donner des explications, nous quittâmes l'exposition très déprimés, ayant pris à la fois la mesure du savoir de ces enfants et de notre propre ignorance.

En partant, nous emportâmes un portrait de « Che » et une lettre qu'il adressa à sa fille, alors âgée de neuf ans, cadeaux du groupe d'intérêt « Che Guevara ». Voici le texte de cette lettre, écrite au moment où il disparut, avant son départ pour la Bolivie.

15 *février*

Hildita chérie

Cette lettre te parviendra plus tard, mais je t'écris aujourd'hui parce que je veux que tu saches que je pense à toi. J'espère que tu as eu un joyeux anniversaire.

Tu es grande aujourd'hui. Je ne veux pas te raconter des choses puériles, mais te dire la vérité. Comme tu

le sais, je suis très loin et je ne te retrouverai pas avant longtemps, parce que je fais ce que je peux pour lutter contre nos ennemis. Ce que je fais n'est pas beaucoup ; mais c'est quelque chose et je pense que tu pourras être aussi fière de ton père que je suis fier de toi.

Souviens-toi que la lutte durera de nombreuses années ; quand tu deviendras une femme, il faudra que tu y prennes part. En attendant, il faut t'y préparer. A notre époque, être un bon révolutionnaire, cela signifie s'instruire — le plus possible — et être toujours prêt à se battre pour des causes justes. Il faut écouter ta mère. Tu ne dois pas penser que tu connais déjà la solution des problèmes ; tu as encore beaucoup à apprendre.

Tâche d'être une bonne élève, dans tous les sens du terme, et tu sais ce que cela signifie. Cela signifie l'étude et une attitude révolutionnaire. En d'autres termes : une bonne conduite, un sens des responsabilités, l'attachement à la révolution, une attitude fraternelle envers tes camarades de classe, etc.

Les choses ne sont plus les mêmes que lorsque j'avais ton âge. Je vivais alors dans une société différente, où l'homme était l'ennemi de l'homme. Mais tu as la chance de vivre à une autre époque et tu dois en être digne.

N'oublie pas de t'occuper de tes frères et sœurs et de leur dire de travailler et de bien se conduire — particulièrement Aleidita, qui fait grand cas de ce que tu dis parce que tu es sa sœur aînée.

Une fois de plus, ma chérie, je te souhaite un bon anniversaire. Embrasse ta mère et ton cousin. Et pour toi, un baiser si gros et si fort, qu'il durera tout le temps pendant lequel nous ne nous verrons pas.

de ton

papa.

Autre volet important du plan général de développement de l'éducation : le programme « L'Ecole va à

la Campagne ». Trois cent mille élèves et professeurs, à partir du niveau de l'école secondaire, se rendent dans les régions rurales pendant six semaines pour aider aux travaux agricoles et à l'élevage. On vit dans des camps et on travaille dur. Quelques heures sont consacrées à l'étude, aux sports et aux jeux. On assiste aussi à des programmes culturels diffusés par la télévision. Nous avons vu deux groupes de *becados* (lycéens-boursiers) venus participer, dans la « ceinture verte » de La Havane, au développement d'une immense plantation de café. L'un d'eux quittait le village de toile établi pour le logement des étudiants ; l'autre y arrivait. Nous avons parlé tout en prenant un repas trop copieux composé de haricots, de riz, de pommes de terre, de yaourt et de gâteaux. Nous avons demandé à l'un des garçons ce qu'il voulait faire après avoir achevé ses études. Sa réponse fut — agréablement — significative : « Je veux être médecin, nous dit-il, mais si la révolution a besoin de moi ailleurs, je ferai autre chose. » Nous disons « significative » parce qu'à la même question, Oscar Rivero et d'autres étudiants de Topes et de Makarenko nous ont fait des réponses semblables. « Après avoir obtenu votre diplôme, leur avons-nous demandé, enseignerez-vous à La Havane ou à la campagne ? — Nous préférerions un poste en province, dirent-ils, mais nous irons là où la révolution nous demandera d'aller. »

Cet état d'esprit montre bien le caractère exceptionnel du programme cubain d'éducation. Son but est de faire pénétrer les bienfaits de l'instruction dans les régions les plus reculées, dans des endroits où il n'y avait pratiquement pas d'écoles et où le taux d'analphabétisme était le plus élevé. La plupart des 250 000 *becados* qui bénéficient de la gratuité du logement, de la nourriture, des vêtements, des transports, des livres et qui, de plus, reçoivent chaque mois un peu d'argent de poche, sont des garçons et des filles de la campagne.

Les *becados* vivent dans des pensionnats (quelques-

uns d'entre eux ont été installés dans les anciennes de-
meures de riches exilés). Ils prennent trois repas par
jour, plus un goûter. Mais tous les écoliers bénéficient
pratiquement à Cuba de la cantine gratuite.

Les manuels scolaires (on en a imprimé exactement
cinq millions en 1967) sont gratuits pour tous les élèves.
Rien qu'en 1967, indique-t-on officiellement, huit millions de livres de toutes sortes sont sortis des presses
à Cuba, alors qu'avant la révolution, un million de
livres seulement avaient été imprimés en tout dans le
pays. Pour les responsables de « l'Institut du livre »,
qui contrôle l'édition à Cuba depuis 1967, le livre n'est
plus un luxe, mais une nécessité sociale. Pour cette
raison, et parce que les progrès technologiques des pays
avancés ont été en partie rendus possibles par l'exploitation des pays sous-développés, nous a expliqué le professeur de philosophie Rolando Rodriguez, directeur de
l'Institut du Livre, Cuba s'estime en droit d'ignorer les
accords de copyright et de publier tous les ouvrages
dont il a besoin, quel que soit le pays d'où ils proviennent. Cuba a ainsi édité, sans payer les droits d'auteurs,
plus de 1 300 000 exemplaires des meilleurs livres, particulièrement dans les domaines de la science et de la
technologie, afin de les mettre à la disposition de ses
étudiants, de ses savants, de ses techniciens, de ses
professeurs.

Ceci est particulièrement important pour les étudiants qui occupent les plus hauts échelons du système
cubain d'éducation, c'est-à-dire les milliers qui fréquentent les nombreux instituts technologiques et les 34 500
qui sont répartis dans les trois grandes universités. Par
nécessité, celles-ci se tournent de moins en moins vers
les humanités et de plus en plus vers la science et la
technologie. Cette nécessité est évidente : une économie
décidée à passer du stade du sous-développement à celui
du développement a un urgent besoin d'ingénieurs, de
mécaniciens, d'électriciens, de chimistes, d'agronomes,
de techniciens et d'administrateurs, mais pas de juristes.

Le résultat est qu'aujourd'hui, l'école de droit ne compte que deux cents étudiants. Avant la révolution, il y en avait six mille. Mais qui peut étudier le droit aujourd'hui ? Le président Dorticos a donné la réponse en déclarant : « 2 000 ingénieurs obtiendront leur diplôme à Cuba pendant la période 1967-1970. Ce chiffre est supérieur au nombre total d'ingénieurs formés depuis l'avènement de la République jusqu'à 1959. »[7]

Le manque de techniciens et d'administrateurs qualifiés s'explique par l'absence de tradition scientifique. Aujourd'hui, un premier pas est fait. La liste des différentes facultés de l'Université de Santa Clara, où l'on obtient après cinq années d'étude un diplôme de « Bachelier » (équivalent à une licence), montre l'orientation actuelle des études supérieures à Cuba :

Faculté des Sciences Agricoles : deux écoles
— Agronomie
— Médecine Vétérinaire.

Faculté de Technologie : quatre écoles
— Mécanique
— Electricité
— Chimie
— Industrie.

Faculté des Sciences : trois écoles
— Psychologie
— Mathématiques
— Pharmacie.

Faculté des lettres : deux écoles
— Administration
— Lettres.

Faculté de Médecine : six années, la dernière en internat.

Les étudiants qui vont à l'Université et ceux qui fréquentent les instituts de technologie font leur service militaire en même temps que leurs études. Ils se

---

7. « Cuba : L'homme, la Révolution. » (La Havane, en anglais, pp. 12-13.)

livrent eux aussi à des travaux manuels. Pendant
45 jours, chaque année, l'Université ferme ses portes.
Elèves et professeurs vont aider à couper la canne à
sucre.

La plupart des cadres bourgeois qui ont quitté le
pays après la révolution ont maintenant été remplacés
par les nouveaux diplômés, sortis des universités et des
instituts technologiques. Leur nombre ne correspond pas
encore aux besoins, mais les progrès sont constants. On
trouve de plus en plus souvent, dans les colonnes des
journaux cubains, des informations dans le genre de
celle-ci :

> *123 techniciens pour les usines d'engrais*
> *reçoivent dimanche leur diplôme*
> *à l'Institut technologique Ernst Thaelmann*

*A trois heures de l'après-midi, dimanche prochain,
à l'Ecole Technologique-Industrielle Ernst Thaelmann,
123 étudiants recevront leur diplôme. Ils travailleront
comme techniciens à la construction d'usines d'engrais.
C'est la seconde promotion de spécialistes de cette branche de la technologie.*

*L'école Thaelmann forme onze catégories de spécia-
listes de l'outillage, du pompage, de l'électricité, de la
soudure, du tournage, du fraisage, etc.*

*Les 123 diplômés ont été affectés aux emplois sui-
vants : 14 aux services d'entretien d'électricité, 24 aux
ateliers de tournage et de fraisage, et 85 au complexe
de déshydratation.*

*Cette promotion est d'une grande importance pour
la réalisation des tâches prévues dans le plan de développement de l'économie nationale, car les nouveaux
diplômés vont travailler à l'achèvement et au fonctionnement des usines d'engrais actuellement en construction dans notre pays.*[8]

---

8. « Granma », 1er mars 1968.

Au fur et à mesure qu'ils sortent des instituts technologiques, les jeunes Cubains nouvellement diplômés remplacent les spécialistes et techniciens soviétiques, tchèques, allemands et d'autres pays socialistes qui ont contribué à leur formation dans les écoles, les usines et les entreprises agricoles. Nous avons pu contrôler la qualité de leur éducation en demandant aux directeurs des usines de nickel de Nicaro et de Moa, des docks de chargement de canne à sucre du port de Cienfuegos et de l'Institut vétérinaire de La Havane, s'ils avaient embauché ces derniers temps des jeunes gens fraîchement sortis des écoles techniques spécialisées. Tous répondirent oui — le nombre des nouveaux arrivants variant de douze à vingt et un, et leur âge, de dix-huit à vingt-quatre ans — et tous indiquèrent que leurs supérieurs directs ne tarissaient pas d'éloges sur leurs connaissances et la qualité de leur travail.

L'exemple le plus spectaculaire de l'adaptation des techniciens cubains aux nécessités de leur économie est peut-être celui de l'usine de nickel de Moa Bay où, selon un reportage publié par le *New York Times* le 5 février 1968, « la production ne cesse d'augmenter chaque année grâce à la grande habileté dont on a fait preuve dans la formation du personnel technique ».

José Alemany, l'ingénieur de vingt-neuf ans qui a la responsabilité de l'usine, est rentré à Cuba en 1961, après avoir terminé aux Etats-Unis, à l'Université de l'Etat de Louisiane, ses études techniques d'électricité. Tous les autres ingénieurs faisant partie de son personnel ont été formés à Cuba depuis la Révolution. L'usine a été construite par la *Freeport Sulphur Company* de Louisiane, juste avant que les révolutionnaires prennent le pouvoir. Elle était l'une des plus modernes du monde. « La Freeport Sulphur, nous dit, non sans humour, M. Alemany, pouvait être fière d'avoir construit une telle usine ; et les Cubains peuvent être fiers d'être capables de la faire fonctionner. »

Après notre visite de l'usine, qui depuis trois ans

remporte le prix attribué à l'établissement industriel cubain le plus efficace, nous ne pouvions qu'être d'accord avec l'appréciation de son directeur. Le *New York Times*, dans le reportage dont nous avons parlé plus haut, se déclara impressionné par l'habileté des techniciens cubains, qui surent maintenir en bon état de fonctionnement ces machines extrêmement compliquées.

Dans la salle des machines, écrivit le journal américain, *les spécialistes cubains réussirent à souder une pièce sur un échangeur de chaleur au titanium, qui était indispensable à la fabrication. L'emploi du titanium, qui coûte 25 000 dollars la tonne, exige des connaissances techniques très poussées, que les Cubains ont acquises grâce à l'expérience d'instructeurs soviétiques.*

« Ces échangeurs de chaleur valent 40 000 dollars pièce. Les réparations étaient faites autrefois aux Etats-Unis et coûtaient 10 000 dollars pour chaque fissure. Maintenant, nous exécutons ce travail ici même », m'a déclaré M. Alemany.

Ce qui, au début, n'était pour le gouvernement révolutionnaire qu'une question de principe — à savoir qu'il était injuste et immoral de refuser au peuple le droit à l'éducation et que la première chose à faire, dans une société socialiste, pour créer un « homme nouveau », est d'élever son niveau culturel — est devenu, en pratique, la clef du problème de la transformation révolutionnaire du pays. L'éducation de tous les citoyens est considérée comme la base du développement de l'individu. En retour, celui-ci devient plus utile à la société, et cela contribue au développement du pays. La mobilisation des ressources humaines est la pierre de touche de la mobilisation des ressources économiques.

Ainsi, aujourd'hui, huit années après la fin de la campagne d'alphabétisation, la nation cubaine est toujours à l'école. Les statistiques que nous publions ici,

dans le tableau n° 3, et qui figurent dans un discours adressé par Fidel à la nation le 13 mars 1968,[9] le prouvent avec force.

TABLEAU III

Education

	Etudiants
Ecoles primaires	1 391 478
Lycées	160 308
Ecoles pré-universitaires	16 779
Formation technique et professionnelle	45 612
Formation d'instituteurs	18 121
Universités	34 532
Education des adultes	405 612
Divers	7 092
Instituts technologiques ouvriers	46 595
Ecoles d'agriculture et d'élevage	28 832
Ecoles techniques du bâtiment	10 663
Institut technologique militaire	1 626
Ministère de la santé	6 060
Ecole d'éducation physique et des sports	2 462
Crèches	33 662
TOTAL	2 209 434

La population de Cuba est d'environ huit millions d'habitants. Cela signifie que 27,6 % des citoyens et citoyennes reçoivent actuellement une forme quelconque d'instruction. On peut mesurer l'importance de ce bilan en faisant deux comparaisons. La première, entre la situation d'aujourd'hui et celle qui existait avant la Révolution : en 1957, la dernière année pré-révolutionnaire pour laquelle nous disposons de statistiques valables, la population cubaine était de 6,4 millions de personnes ; le nombre total d'élèves et d'étudiants était de 819 000, soit 12,8 %. En 1968, alors que la population

---

9. « Granma », 24 mars 1968.

A la mémoire du Che

a augmenté de 25 %, le nombre d'enfants, jeunes gens et adultes scolarisés a augmenté de 170 %.

La seconde comparaison est avec les autres pays latino-américains. Aucun d'entre eux n'approche les pourcentages cubains. Dans l'ensemble de ces pays, 16,8 % de la population est scolarisée, contre 27,6 % à Cuba. Voici les statistiques qui figurent dans le rapport de la « Banque de développement inter-américaine », que nous avons déjà cité [10]:

TABLEAU IV

Pourcentage de scolarisation

Pays	Total
Argentine	19,4
Bolivie	15,7
Brésil	15
Chili	20,7
Colombie	15,8
Costa Rica	22,6
République Dominicaine	16
Equateur	17,2
San Salvador	15,3
Guatémala	10,5
Haïti	6,5
Honduras	13,4
Mexique	18,6
Nicaragua	14,5
Panama	21,6
Paraguay	20,4
Pérou	20,3
Uruguay	18,5
Venezuela	19,7
Amérique Latine	16,8
✷ Cuba	27,6

10. Op. cité., p. 37. Le tableau ne donne les pourcentages de scolarisation qu'aux niveaux « primaire, intermédiaire et plus élevé ». Il est possible que les adultes n'y figurent pas, mais, comme dans ces pays, l'éducation des adultes est négligeable, la comparaison demeure valable.

Nous ne disons pas, pour le moment, que les progrès de l'Education à Cuba sont aussi impressionnants dans le domaine de la qualité que dans celui de la quantité. Ce serait inexact. Il était évident, dans les classes que nous avons visitées, que quelques-uns des instituteurs avaient été hâtivement formés et que beaucoup restait à faire en matière de pédagogie. Mais les conversations que nous avons eues avec le ministre de l'Education et plusieurs de ses collaborateurs nous ont montré qu'ils étaient pleinement conscients de ces lacunes et qu'ils s'employaient activement à les combler. Avec le temps, si tout va bien, la qualité ira de pair avec la quantité.

Si c'est une question de crédits, cet objectif sera certainement réalisé. Car le gouvernement cubain a montré, par les capitaux considérables déjà investis dans l'éducation, qu'il était décidé à payer le prix, si élevé soit-il, de l'éducation du peuple.

Bien qu'il soit difficile de connaître le montant exact des crédits consacrés à l'éducation, étant donné qu'en plus du ministère de l'Education, d'autres ministères et des organisations de masse ont leurs propres programmes en ce domaine, deux faits se dégagent des données budgétaires fournies par le gouvernement (312 millions de dollars pour l'enseignement)[11] :

1. Cuba consacre à l'instruction publique des sommes plus de quatre fois supérieures à celles de la période pré-révolutionnaire.[12]

2. Cuba dépense pour l'éducation 39 dollars par habitant (contre 6,13 en moyenne pour les autres pays

---

11. Le chiffre semble correspondre à ceux qui figurent dans le rapport adressé à l'Unesco en 1967 par le ministre de l'Education, intitulé « Cuba, 1967, le mouvement pour l'éducation », pp. 10-12, bien que l'explication donnée dans le texte ne soit pas parfaitement claire.

12. En 1956, les crédits s'élevaient à 74,2 millions de dollars (cf. Richard Jolly, dans « Cuba, la révolution économique et sociale », p. 182. Dudley Seers (éd.).

latino-américains), et 141,21 dollars par élève (contre 35,62). Même en Uruguay, où le niveau de l'éducation est le plus élevé d'Amérique latine, Cuba excepté, les chiffres ne dépassent pas respectivement 23,17 et 126,31 dollars.[13]

Laurent Schwartz, professeur de mathématiques à la Faculté des Sciences de Paris et l'un des mathématiciens les plus éminents du monde, se trouvait à Cuba en même temps que nous. Il s'était rendu au Brésil peu auparavant, et dans une interview publiée par *Granma* le 3 mars 1968, il fit une comparaison entre les deux pays, qui montre à la fois la supériorité de l'éducation cubaine et ses promesses pour l'avenir :

« Le caractère universel et démocratique de l'éducation dans ce pays est inestimable », déclara le mathématicien français, soulignant que les progrès constants du niveau culturel du peuple amèneraient nécessairement l'élévation du niveau scientifique.

Schwartz cita un exemple concret : la situation au Brésil. Il compara les 80 millions d'habitants du Brésil aux 8 millions de Cubains et fit remarquer que, malgré cette grande différence, le nombre de personnes bénéficiant de l'instruction publique était à peu près le même dans les deux pays. Car, au Brésil, la grande majorité de la population est illettrée et, dans les campagnes, il n'y a que des écoles élémentaires. De sorte que, seules, certaines couches de la population urbaine peuvent s'instruire. Il déclara que la situation à Cuba était tout à fait différente. Bien que le nombre d'habitants y soit très inférieur, Cuba peut former davantage de cadres scientifiques, et d'un plus haut niveau, que le Brésil.

13. Voir le tableau sur « les progrès socio-économiques en Amérique latine », sixième rapport annuel (1966) de la Banque de développement inter-américaine, p. 39. Les chiffres donnés dans ce tableau concernent l'année 1965 et ne comprennent pas les dépenses des écoles privées. Les données générales de la comparaison demeurent valables.

« La Révolution, conclut-il, est un puissant stimulant du développement. Dans peu de temps — entre cinq et quinze ans — Cuba disposera de savants de classe internationale, précisément parce que ces progrès sont soutenus par la Révolution. »

Les damnés de la terre ne sont pas condamnés à vivre dans l'obscurantisme. L'analphabétisme et l'ignorance peuvent être éliminés. Si on leur donne la possibilité de s'instruire et de développer leurs capacités, les masses peuvent se transformer et transformer la société. Les remarquables réalisations cubaines dans le domaine de l'éducation sont la preuve qu'il est possible de passer du sous-développement à la prospérité, à condition de se débarrasser du joug de l'impérialisme.

CHAPITRE III

LA SANTE

Il en est de la santé comme de l'éducation. Malgré un manque cruel de médecins (un tiers a quitté Cuba et maintenant encore, ils continuent d'émigrer au rythme de quatre à six par mois), malgré le blocus qui provoque la rareté des médicaments et de l'équipement, les progrès réalisés témoignent du fait que seule une authentique révolution socialiste peut assurer le développement des pays latino-américains.

La révolution socialiste, en effet, rend possibles les changements décisifs qui, particulièrement dans le domaine de la santé publique, sont indispensables si l'on veut porter remède aux maux inhérents au système capitaliste. La médecine capitaliste se préoccupe principalement de *guérir* la maladie. Elle est très utile pour ceux qui vivent dans des régions où les docteurs sont nombreux et qui ont les moyens de les payer. La médecine socialiste, elle, se fixe pour but principal de *prévenir* la maladie. Elle sert le peuple tout entier en quelque endroit qu'il vive et quel que soit son revenu.

A Cuba, avant la Révolution, il n'y avait qu'une seule école de médecine et elle n'enseignait que les disciplines susceptibles d'être rentables pour les futurs diplômés. L'épidémiologie n'était même pas au programme et le problème de l'hygiène était traité superficiellement. Dans le régime socialiste, les trois Facultés de Médecine ne se préoccupent pas de ce qui est ou non susceptible de rapporter des honoraires, mais de ce qui est le plus utile pour le peuple. C'est pourquoi l'épidémiologie et l'hygiène sont maintenant des sujets de base.

Avant la Révolution, comme aujourd'hui dans tous les pays d'Amérique latine, l'exercice privé de la médecine, qui ne s'intéressait qu'aux honoraires, s'accompagnait, dans le domaine de la santé publique, d'institutions municipales ou d'Etat inefficaces, qui n'avaient qu'une existence formelle.

Le régime socialiste a élaboré un plan national. Ce plan charge le ministère de la Santé publique d'analyser les besoins, de rassembler les moyens précédemment dispersés en unités fonctionnelles et de définir les priorités en fonction des nécessités du développement général de la santé.

Avant la Révolution, comme aujourd'hui dans tous les autres pays d'Amérique latine, les médecins et les lits d'hôpitaux étaient concentrés dans les principaux centres urbains. Des milliers de malheureux paysans mouraient parce qu'il ne leur était pas possible de se rendre dans les endroits où ils pouvaient trouver les secours dont ils avaient besoin. Dans le régime socialiste, la médecine va à la campagne, et gratuitement. Depuis 1964, les étudiants en médecine s'engagent (et c'est maintenant une condition nécessaire à l'obtention du diplôme) à ne pas avoir de clientèle privée et à passer les deux premières années suivant la fin de leurs études dans des dispensaires et des hôpitaux situés dans des régions rurales éloignées.

« L'un des problèmes les plus préoccupants de la santé publique, déclare la Banque Inter-américaine de Développement, dans son rapport de 1966,[1] est le manque de médecins, d'infirmières, d'hôpitaux et de dispensaires dans la plupart des pays latino-américains et la

---

1. Op. cité, p. 24.

mauvaise répartition géographique du personnel et des moyens disponibles. »

C'est bien exact. Le gouvernement cubain s'est attaqué à ce « problème le plus préoccupant », en modifiant cette « mauvaise répartition géographique du personnel et des moyens disponibles ». En 1958, Cuba n'avait qu'un seul hôpital rural, avec seulement dix lits. Aujourd'hui, en régime socialiste, il y a 47 hôpitaux ruraux, totalisant 1 300 lits, plus 50 cliniques médicales et dentaires, qui n'existaient pas auparavant.

Beaucoup d'Américains apprendront avec surprise que le même « problème préoccupant » existe aux Etats-Unis, et pour les mêmes raisons, à savoir qu'il n'y a pas assez de médecins là où on en a le plus besoin, dans les régions rurales et dans les ghettos. Voici le texte d'une lettre du Dr Ira Marks, de Chatham, dans l'Etat de New York, publié par le *New York Times* le 30 mars 1968 :

Le taux de mortalité infantile, dans ce pays, est tout à fait acceptable dans les quartiers résidentiels habités par la haute et moyenne bourgeoisie blanche. Mais il devient déplorable si l'on ajoute les statistiques concernant les ghettos noirs et les régions rurales, particulièrement celles du sud-est des Etats-Unis.

Ces différences proviennent moins de la pauvreté des populations que de la mauvaise répartition géographique du personnel médical. (La sécurité sociale n'a pas augmenté le nombre des médecins à Harlem.) On ne pourra pas résoudre le problème en payant les médecins avec des fonds publics, ni en créant de nouvelles Facultés de Médecine. La seule solution possible est que les médecins nouvellement diplômés exercent volontairement leur profession dans les ghettos et les régions rurales, où l'on a besoin d'eux.

Si l'on attribuait des crédits supplémentaires à la Santé publique, il faudrait qu'ils soient consacrés à la création d'Ecoles de Médecine de conception nouvelle : les études cliniques se feraient dans des cabinets médi-

caux établis dans des régions où il n'en existe actuelle-
ment aucun ; le corps enseignant comprendrait des pra-
ticiens qualifiés ; et les fonds consacrés à la recherche
serviraient à rassembler dans des groupes de travail
des médecins ayant une spécialité ou connaissant la
médecine générale, qui exerceraient dans des régions où
les services de santé font actuellement défaut.

Après tout, il ne faut pas oublier qu'aucun système
de sécurité sociale, même s'il est actuellement gratuit,
ne peut aider les malades s'il n'y a personne pour
assurer le service.

Le genre de médecine dont parle le Dr Marks ne
verra peut-être pas le jour dans un prochain avenir dans
les riches Etats-Unis d'Amérique. Mais on commence à
le réaliser à Cuba, pays « sous-développé », mais socialiste. Le nombre des hôpitaux, qui était de 57 avant
la Révolution, est passé à 170. De plus, 250 polyclini-
ques ont été créées. Les lits disponibles ont doublé :
42 000 contre 21 000, soit 5,4 pour mille habitants, contre 3,3.[2] Des 19 autres pays latino-américains, seuls
l'Argentine et l'Uruguay disposent de plus de lits d'hôpital que Cuba.

Mais ces froides statistiques ne peuvent révéler l'am-
pleur du problème auquel le ministère de la Santé eut
à faire face à l'avènement du nouveau régime. Sur les
158 professeurs qui enseignaient à l'Ecole de Médecine
de l'Université de La Havane, il n'en restait que 17.
Les autres avaient tous émigré. Dans les années qui
suivirent immédiatement la Révolution, plus de 2 000
médecins pratiquants, soit le tiers de l'effectif total,
quittèrent le pays. Lorsque les Etats-Unis commencèrent
leur blocus, les médicaments, l'équipement, les publications médicales cessèrent brusquement d'arriver, car
presque tout provenait du continent nord-américain.

---

2. Les statistiques publiées dans ce chapitre sur la santé
à Cuba sont extraites de documents et de rapports du ministère de la Santé, ou ont été recueillies au cours d'entretiens
avec des fonctionnaires de ce ministère.

Cependant la santé du peuple, comme son éducation, était considérée comme préoccupation primordiale. Les fonds alloués par le gouvernement, le dévouement sans borne des médecins restés fidèles au pays socialiste et le plan rationnel du ministère de la Santé permirent de surmonter la plupart des difficultés.

A cause de l'accroissement de la population, on a besoin de davantage de tout. Et on arrive à combler ces besoins. Il y a aujourd'hui à Cuba 7 000 médecins, 1 000 de plus qu'avant la Révolution. L'Ecole de Médecine de La Havane comptait 3 500 étudiants, et formait chaque année 350 médecins. Aujourd'hui, les trois Facultés de Médecine comptent 5 000 élèves et le nombre annuel de diplômés est de 500. Il est intéressant de noter que 48 % des étudiants en médecine sont des femmes.

Au lieu de 158 professeurs, il y en a maintenant 250, et, à la différence de ce qui se passait autrefois, professeurs et étudiants consacrent tout leur temps à la médecine.

« Quand j'ai fait ma médecine avant la Révolution, nous a déclaré le Dr Roberto Perada, vice-ministre de la Santé, un étudiant pouvait obtenir son diplôme sans assister aux cours et sans même avoir mis les pieds dans un hôpital. Il y avait un microscope pour 80 étudiants. Aujourd'hui, il y a un microscope pour six étudiants, et ceux-ci fréquentent régulièrement les hôpitaux et les laboratoires. Ils sont en contact avec les malades. Je me souviens qu'avant 1959, il n'y avait jamais assez de lits dans les hôpitaux. Les malades couchaient souvent par terre. Parfois, leur admission à l'hôpital était refusée parce qu'il n'y avait même plus de place sur le plancher. Aujourd'hui, nous n'avons pas encore tout l'équipement sanitaire nécessaire, mais aucun malade ne dort sur le sol.

Le système actuel de santé publique exclut les visites de médecin à domicile, sauf en cas d'urgence. Le malade est examiné et soigné à la polyclinique ou au dispensaire rural le plus proche de chez lui. Si des analyses ou des consultations supplémentaires s'avèrent nécessaires, il doit s'adresser à l'hôpital régional. Si son état de santé nécessite une hospitalisation, celle-ci a lieu à l'hôpital régional ou, si nécessaire, dans un institut spécialisé de La Havane. Son dossier complet, comprenant diagnostic et traitement, est ensuite envoyé à son médecin traitant et à sa clinique habituelle, qui peuvent ainsi continuer les soins s'il y a lieu.

En mai 1968, un de nos amis, le Dr David Spain, directeur des services de pathologie du centre hospitalier de Brookdale, à Brooklyn (New York), fut invité à faire des conférences à Cuba. A son retour, il écrivit un compte rendu de sa visite. Il touche à tant d'aspects de la médecine cubaine que nous le citons en entier :

« Il y a à La Havane cinq hôpitaux de médecine générale, et plusieurs hôpitaux spécialisés (obstétrique, pédiatrie, orthopédie). La plupart d'entre eux ont été construits depuis la Révolution. Ceux qui existaient déjà ont été rénovés et agrandis. Ils sont modernes, agréables et bien tenus. Chaque hôpital de médecine générale contient un institut où l'on pratique une spécialité différente. Ceci empêche une inutile dispersion des moyens et permet d'utiliser le personnel de la manière la plus efficace.

« J'ai dirigé des séminaires et effectué des tournées de visites dans plusieurs de ces instituts et notamment à l'institut cardio-vasculaire. Les services chirurgicaux y sont dirigés par le Dr Noël Gonzalez, jeune chirurgien capable et dévoué. Ces services ont commencé à fonctionner en 1964, avec l'aide du Dr Bernardo Castro, chirurgien cardio-vasculaire mexicain. On y a pratiqué depuis 850 opérations, dont 150 « à cœur ouvert ». Plus de 50 pacemakers ont été implantés. Au cours d'une de mes visites, j'ai examiné un malade sur lequel on avait placé trois mois auparavant deux valvules prothétiques (tricuspide et mitrale). J'ai vu également des images radiographiques des valvules en place. On avait utilisé une version soviétique de la valvule Starr-Edwards. Autant que j'ai pu en juger, elles fonctionnaient parfaitement ; le malade pouvait marcher et paraissait en bonne condition. A l'institut de néphrologie, à l'hôpital de chirurgie générale, j'ai pu accompagner le directeur, le Dr Buch, dans toutes les salles. J'ai vu une nombreuse variété de cas d'insuffisance rénale aiguë et chronique. Le Dr Buch était remarquablement informé des aspects les plus compliqués des maladies rénales et des découvertes les plus récentes. Une centaine de biopsies rénales sont réalisées chaque année dans ce service. Aucune tentative de transplantation n'a eu lieu jusqu'à présent.

« Au cours des visites et pendant les séminaires et les conférences, les questions que l'on me posait révélaient un haut niveau de connaissances et une grande capacité pratique, tant dans le domaine du diagnostic que dans celui du traitement des maladies. J'ai été très impressionné par le caractère chaleureux des relations entre médecins et malades.

« A la fois parce que mon hôte principal à Cuba était un professeur de pathologie, le Dr Israël Borrajero, et parce que la pathologie est ma propre spécialité, j'étais mieux placé pour apprécier la valeur des laboratoires et des sections de pathologie des centres hospitaliers. En 1958, dans l'ensemble du pays, il y avait vingt pathologistes qualifiés. Après la Révolution, il n'en resta plus que neuf. Mais, à la suite d'un programme intensif de formation, il y en a maintenant soixante. Il en faudrait douze de plus pour couvrir les besoins, mais il y a maintenant une trentaine de médecins qui poursuivent des études dans ce domaine. Tous les hôpitaux où existent d'importantes sections chirurgicales sont équipés pour l'examen de coupes conservées par le froid. Les principaux services de pathologie sont dotés d'un équipement automatique pour la reproduction photographique des examens microscopiques, pour l'essentiel importé de Grande-Bretagne. Dans l'un des hôpitaux de médecine générale de La Havane, il y a une école technique qui forme un personnel hospitalier compétent. J'ai pu examiner des préparations histologiques effectuées dans plusieurs centres hospitaliers et, dans la plupart des cas, je les ai trouvées d'une qualité supérieure aux coupes faites dans les bons laboratoires des Etats-Unis. Il y a maintenant à Cuba cinquante cytologistes et on est en train d'en former trente de plus. En 1970, le programme de dépistage du cancer cervical au moyen de la radioscopie cytologique prévoit l'examen, chaque année, de 400 000 femmes. Des tumeurs sont détectées dans 1 % des cas. Dans un pays qui compte près de huit millions d'habitants, dont 40 % sont âgés de moins de quinze ans, c'est une remarquable réalisation. 85 % des cadavres sont autopsiés. Toutes les ablations chirurgicales sont suivies d'un examen microscopique. Les « banques du sang » sont suffisamment pourvues, car la famille de tout malade admis dans un hôpital doit fournir un demi-litre de sang. Chaque hôpital dispose d'une lingerie.

« Le Dr Borrajero, professeur de pathologie, médecin éminent et expérimenté, reçoit un salaire mensuel de 750 pésos (750 dollars environ). Il se trouve au sommet de l'échelle des traitements. Les loyers sont fixés à 10 % du salaire, quelle que soit l'importance de celui-ci et quel que soit l'appartement ou la maison habités. On espère que d'ici quelques années, le logement sera entièrement gratuit. De nombreux services tels que l'éducation, la médecine, le téléphone sont déjà gratuits.

« La plupart des médecins que j'ai rencontrés m'ont paru satisfaits de leurs conditions de travail. Ils disposent de larges facilités pour continuer leurs études et perfectionner leur formation. Tous les médecins ont un mois de vacances, ainsi que du temps libre pour leurs travaux personnels. Le salaire du médecin débutant est de 300 pesos par mois. C'est ce que perçoit un attaché de recherches. Il y a encore un petit groupe de médecins mécontents et quelques-uns d'entre eux quittent le pays.

« C'est sans doute dans le domaine de l'obstétrique qu'ont été réalisés les progrès les plus spectaculaires. Plus de 80 % des accouchements — 95 % à La Havane — sont pratiqués à l'hôpital par un médecin. Dans tous les cas où il n'y a aucune complication, la méthode employée est l'enfantement naturel, avec une anesthésie locale et un usage limité de sédatifs. Un nouveau programme est à l'étude pour économiser les effectifs médicaux et pour dispenser plus efficacement les soins obstétricaux. Il consiste à former des sage-femmes pour s'occuper des cas où ne se présente aucune complication prénatale et où le « travail » doit s'effectuer sans difficultés. Le taux de mortalité infantile et de mortalité des femmes en couches a considérablement baissé. Le Dr Valdez-Vivo, professeur d'obstétrique et de gynécologie, qui a travaillé pendant dix ans dans cette spécialité à Chicago avant de rentrer à Cuba, m'a déclaré que les statistiques les plus récentes, qui n'ont pas encore été publiées, indiquaient un taux de mortalité d'environ 2 % pour les nouveaux-nés et de 0,7 pour mille pour les accouchées. Ce sont les taux les plus bas d'Amérique latine. Des maisons de repos ont été construites à proximité des cliniques d'obstétrique rurales, de telle sorte que pendant leur dernier mois de grossesse, les futures mères puissent résider tout près du lieu de leur accouchement. Ainsi sont résolues les difficultés de transport. Des dispositions ont été prises pour que les femmes puissent également séjourner dans ces maisons de repos pendant quelque temps, après être sorties de la clinique...

« On ignore combien de consultations étaient données, chaque année, avant 1958. Mais les statistiques postérieures à la Révolution indiquent une nette augmentation de l'utilisation des services médicaux. Le nombre des consultations, qui s'élevait à 12 millions en 1963, est passé à 19 millions en 1967. Les soins dentaires, dont ne bénéficiait que la fraction la plus riche de la population, se sont développés considérablement au cours des huit dernières années. Bien que beaucoup reste à faire dans ce domaine, il y a actuellement quarante cliniques stomatologiques, alors qu'il n'y en avait aucune précédemment. Une nouvelle école dentaire a été créée à Santa Clara, en plus de celle de La Havane.

« L'expérience la plus intéressante de mon séjour à Cuba fut la visite de l'Institut de psychiatrie, dans les environs de La Havane. Avant 1958, c'était un asile misérable qui ressemblait davantage à une prison qu'à un hôpital. Cinq mille malades mentaux y étaient plutôt gardés que soignés. Reconstruit entièrement, l'Institut est devenu un établissement aéré, spacieux, moderne et plaisant. Il dispose d'un terrain de base-ball équipé pour le jeu nocturne, d'un cinéma en plein air, de nombreuses salles de classe, d'ateliers pour les artistes et les artisans, de bibliothèques, d'une ferme et de jardins fleuris. Environ 20 % des malades, gravement atteints, sont des pensionnaires permanents et demeurent hospitalisés. Dans les autres parties de l'Institut, les malades sont actifs. Ils ont une occupation. Ils ne restent pas dans leur chambre ou sous surveillance. J'avais l'impression de visiter un établissement culturel ou un centre d'apprentissage pour adultes. Il n'y avait en vue ni murs, ni gardiens. Certains malades gèrent une des plus grandes fermes avicoles de Cuba, dotée de moyens de production scientifiques et modernes. J'ai passé une heure dans un auditorium où l'on pratiquait le chant, la musique, la danse, etc. Une cinquantaine de malades acceptèrent de nous donner un aperçu de leurs talents. Dans la limite de leur affection mentale chronique, ces malades ont une vie constructive, dans le cadre d'une communauté ordonnée et intégrée. »[3]

Nous avons, nous aussi, visité ce fameux hôpital

---

3. Le rapport complet a été publié par « Medical Tribune », vol. 9, numéros 60 et 61 (25 et 29 juillet 1968).

psychiatrique et nous avons recueilli les mêmes impressions que le Dr Spain. Tous les Américains qui ont lu les rapports sur l'état misérable des asiles d'aliénés aux Etats-Unis, malgré la richesse de ce pays, et sur les horreurs qui y sont perpétrées, ne peuvent qu'être impressionnées — et ressentir un sentiment de honte — en voyant fonctionner à Cuba, dans un pays pauvre et « sous-développé », un hôpital qui est sans doute l'un des meilleurs du monde dans cette spécialité.

On peut juger de l'effort entrepris par le régime socialiste cubain dans le domaine de la santé publique par le volume des crédits qui y sont consacrés. Ces crédits sont passés de 21 millions de pesos avant la révolution à 158 millions en 1967, soit une augmentation de 800 % en seulement huit ans.

Un système planifié de santé publique mettant l'accent sur la prévention des maladies plutôt que sur leur traitement, les actes médicaux gratuits, la présence de médecins, d'infirmières, de dentistes, de cliniques là où on en a besoin — quelque prix que cela coûte — tel est le programme du socialisme cubain. Et il est appliqué. Les statistiques prouvent que les solutions révolutionnaires à ce problème ont permis de faire reculer sensiblement la maladie et de réduire la mortalité, en huit années seulement. Elles montrent que ces progrès ne sont pas possibles en Amérique latine sans un régime socialiste.

La gastroentérite sévit depuis longtemps à Cuba et dans les autres pays d'Amérique latine. Elle a été dans le passé l'une des principales causes de décès et elle l'est encore. Pour cette maladie, le taux de mortalité est de 105,4 habitants pour 100 000 en Colombie, 229 au Guatémala, 64,4 au Venezuela et 103,5 au Pérou. A Cuba, il était déjà tombé à 50,8 en 1962, quatre ans après la Révolution. Après quatre autres années, en 1966, il était descendu à 19,6. Cette diminution de 50,8 à 19,6 signifie que 2 500 vies humaines ont été sauvées.

Grâce aux travaux des docteurs Salk et Sabin, il est

maintenant possible d'éliminer le terrible fléau de la poliomyélite. Cependant, Cuba est le seul pays d'Amérique latine où cette maladie a vraiment disparu. Il n'y a pas eu un seul cas au cours des trois dernières années.

La malaria fait encore de terribles ravages en Amérique centrale, au Brésil, en Colombie, au Venezuela. Avant la Révolution, on enregistrait chaque année à Cuba entre 7 000 et 10 000 cas. En 1962, ce chiffre est tombé à 3 519. Il n'y a eu que dix cas en 1967.

La fièvre typhoïde est également une des principales causes de décès en Amérique latine. Il y a eu 1 158 cas de typhoïde à Cuba en 1964, et en 1966 seulement 167.

Les prodigieux succès de Cuba dans cette lutte contre la mort et la maladie n'ont été possibles que parce que le ministère de la Santé a pu réaliser ce dont les pays capitalistes d'Amérique latine sont incapables : la mobilisation du pays tout entier dans une grande campagne nationale. Les syndicats, la Fédération des Femmes cubaines, les comités locaux de défense de la révolution et toutes les autres organisations populaires ont coopéré à une tâche énorme : vacciner tous les enfants. En 1964, 2 450 000 enfants âgés de moins de 14 ans ont été vaccinés contre la poliomyélite. En 1966, on a vacciné, contre cette même maladie, 1 407 000 enfants de moins de six ans. Chaque année, des centaines de milliers d'enfants sont immunisés contre la variole, la tuberculose, la diphtérie, la coqueluche, le tétanos et la typhoïde.

Quel fut le résultat de cet effort ? La meilleure preuve du succès de la politique cubaine en matière de santé publique est sans doute l'abaissement du taux de mortalité infantile qui, selon le rapport de la Banque Inter-américaine de Développement,[4] « dépasse 80 pour mille dans neuf pays d'Amérique latine, et dans deux,

---

4. Op. cit., p. 23.

100 pour mille ». Dans aucun pays latino-américain, le taux de mortalité infantile n'est inférieur à 42 pour mille. Mais à Cuba, en 1966, il n'était que de 37,7 pour mille. (A titre de comparaison, signalons qu'en 1966 ce taux était, aux Etats-Unis, de 20,6 pour mille pour les blancs et de 36,7 dans les communautés noires.)

Les organisations de masse ont joué un rôle important dans la mise en œuvre d'un autre projet destiné à améliorer la santé publique à Cuba : le programme d'éducation physique, de sports et de loisirs. L'idée maîtresse de ce programme, dont la réalisation a été confiée à l'I.N.D.E.R. (Institut National de l'Education Physique, des Sports et des Loisirs) est que « les données scientifiques et expérimentales du monde d'aujourd'hui prouvent que la pratique systématique des activités physiques produit des changements organiques, fonctionnels, psychologiques, moraux et sociaux de nature fondamentale. Ils favorisent un développement équilibré... [5]

Si l'éducation physique et les sports sont utiles à la santé du peuple, alors il faut l'en faire bénéficier. Telle est la politique officielle. Et non seulement les enfants scolarisés ou des équipes professionnelles, mais aussi les ouvriers, les paysans, les jeunes, les personnes âgées, les femmes, des hommes. Aujourd'hui, deux millions de Cubains environ, soit le quart de la population, pratiquent régulièrement une activité sportive quelconque, non en regardant les autres jouer, mais en jouant eux-mêmes.

Il est vrai qu'en dépit de l'accroissement considérable du personnel médical, des hôpitaux et de l'équipement, on manque encore de tout cela. Les anciens médecins sont partis et les nouveaux médecins, infirmières et techniciens, manquent d'expérience. La tradition scientifique est seulement en voie de création. Mais

---

5. « Cuba, l'homme, la Révolution », op. cité., p. 29.

bien que beaucoup reste à faire, les réalisations de
Cuba dans le domaine de la santé sont déjà nombreuses et substantielles. Le plus important, c'est l'esprit
nouveau : les gens sont traités comme des êtres humains
qui ont le droit d'être bien soignés, qu'ils soient riches
ou pauvres. Le principe directeur a été énoncé par
« Che » : « Une seule vie humaine a davantage de valeur que tout l'or de l'homme le plus riche du monde. »

L'expérience cubaine dans le domaine de la santé
est une leçon pour tous les pays sous-développés : sans
une révolution socialiste, il n'est pas possible d'aller
au-delà de réformes limitées, qui peuvent soulager un
peu la misère, mais non guérir le mal.

CHAPITRE IV

DIVERSIFIER LA PRODUCTION

Lorsque nous avons interviewé le président Dorticos, le 9 mars 1968, dans la matinée, au Palais Présidentiel, nous lui avons d'abord dit à quel point nous avions été impressionnés par les réalisations à Cuba dans les domaines de l'éducation et de la santé depuis l'année 1960, date à laquelle nous avons écrit *Cuba : Anatomie d'une Révolution.* Et nous lui avons demandé de nous parler des progrès accomplis par Cuba dans le secteur de l'économie. Il nous dit que ce serait vanité de sa part que d'affirmer qu'il y en ait eu. Il était beaucoup trop modeste. Il y a eu de remarquables réalisations dans le domaine de l'économie et, selon toute probabilité, il y en aura de plus remarquables encore dans l'avenir. Mais avant d'entrer dans le vif du sujet, passons rapidement en revue les étapes qu'a suivies la révolution depuis la conquête du pouvoir, le 1er janvier 1959. Dans ce chapitre, nous examinerons la période 1959-1963, et dans le suivant, celle qui va de 1963 à nos jours.

L'histoire du sous-développement caricatural de Cuba et de son exploitation impitoyable par l'impérialisme des Etats-Unis — les deux faces d'une même médaille — a été écrite assez souvent pour que nous n'y revenions pas ici.[1] Qu'il nous suffise de rappeler que le sucre représentait environ le quart du produit national brut cubain, et les quatre-cinquièmes de ses exportations, et que le commerce avec les Etats-Unis représentait plus de la moitié des exportations et des importations. Peu de pays ont été aussi dépendants d'une seule récolte et d'un seul partenaire commercial que Cuba avant la Révolution. Et dans peu de pays, s'est manifesté d'une façon aussi éclatante le contraste entre une terre et une main-d'œuvre exagérément sous-utilisées d'une part, et une misère écrasante d'autre part.

Dans ces conditions, il n'est pas surprenant que le mouvement cubain de libération, s'inspirant des idées exprimées au XIXe siècle par José Marti, ait eu passionnément pour but, non seulement la souveraineté politique, mais aussi la diversification économique, comprise dans tous les sens du terme. Le nouveau Cuba devra cultiver de nombreux produits, assez de tout ce qui lui sera nécessaire pour nourrir son peuple. Il devra posséder sa propre industrie, qui ne se contentera pas d'assembler des pièces déjà usinées par des entreprises étrangères, mais qui alimentera le marché intérieur et fournira des emplois aux travailleurs cubains. Il devra entretenir des relations commerciales libres avec le monde entier et non seulement avec un suzerain monopoliste.

Ces idées ont été reprises et développées par Fidel Castro et ses camarades du Mouvement du 26 juillet. Lorsqu'ils accédèrent au pouvoir, ils les mirent en pratique tout à fait naturellement. Les principes directeurs de la politique économique, dans les premières

---

1. On en trouvera un bref aperçu dans notre livre « Cuba : Anatomie d'une Révolution » (New York et Londres : Monthly Review Press, 1960), chapitres 2 et 3. Un exposé plus récent figure dans « La transformation économique de Cuba : récit d'un témoin », d'Edward Boorstein (New York et Londres : Monthly Review Press, 1968), particulièrement dans le chap. I.

années de la Révolution, furent donc la diversification de la production agricole, l'industrialisation, et la recherche de nouvelles relations commerciales.

On entend souvent dire aujourd'hui que ces premiers efforts de diversification se soldèrent par un échec et, dans une certaine mesure, cela est certainement vrai. Cependant, ce jugement ne doit pas nous faire perdre de vue les très importantes réalisations de cette période. Le pouvoir d'achat des masses s'est accru considérablement dans les six premiers mois de 1959, dans les villes, grâce à la réduction des prix et des loyers, à la campagne, grâce à la première réforme agraire (qui abolit complètement les fermages) et, dans tout le pays, par la mise en œuvre de nombreux chantiers (logements, routes, centres touristiques, etc.). Le résultat, naturellement, fut une augmentation en flèche de la demande de toutes sortes d'articles de consommation. L'agriculture et l'industrie firent face toutes deux à ce coup de fouet avec succès. Le tableau n° 5 montre l'accroissement de la production d'un certain nombre de denrées agricoles de première nécessité, qui font l'objet d'une consommation de masse.

TABLEAU V
Production de certaines denrées agricoles
(en millions de tonnes)

	1958	1961	1962	pourcentage d'augmentation 1958-1962
Haricots	33	59	68	136
Riz	163	213	320	96
Maïs	134	198	257	92
Tabac	42	52	59	40
Pommes de terre	63	97	92	46
Bœuf	169	207	non disponible	23 (1958-1961)

Source : Michel Gutelman : « L'agriculture socialisée à Cuba » (Paris : François Maspéro, 1957), p. 158.

Il est intéressant de noter qu'en 1961, ces progrès impressionnants allèrent de pair avec un accroissement de la production de canne à sucre. En 1961, la récolte de canne s'éleva à 6,9 millions de tonnes : ce fut la seconde en importance de toute l'histoire de Cuba. Ce n'est qu'en 1962 que la production de sucre diminua. Il y eut à cela plusieurs raisons, la plus importante étant peut-être l'utilisation d'une partie des champs de canne à sucre à la culture des autres produits.

Au cours des mêmes années, la production industrielle a également augmenté, mais cet accroissement a été dû pour l'essentiel à une utilisation plus importante des disponibilités déjà existantes, et non à la création d'entreprises supplémentaires. Jusqu'au mois d'août 1962, selon un discours prononcé par Fidel Castro à une Conférence Nationale sur la Production, la Révolution avait construit seulement dix nouvelles usines : une fonderie de métaux non ferreux, plusieurs filatures, des conserveries de tomates, une fabrique de crayons et une fabrique de poupées en étoffe.[2] Une vingtaine d'autres usines étaient alors en construction, parmi lesquelles une assez importante fabrique d'ustensiles de cuisine, une fonderie d'acier, des fabriques de pelles et de pioches, de fil de fer barbelé, de serrures, de couteaux et fourchettes, de brosses, de sacs, d'objets en matière plastique, de nourriture pour animaux, d'antibiotiques, de sel, de chocolat ainsi que d'autres conserveries de tomates.[3] Dans la plupart des cas, le choix des entreprises à construire avait été dicté à la fois par les besoins immédiats et par la volonté de substituer, aux importations, des produits nationaux.

C'est dans le troisième aspect de la diversification — la recherche de nouvelles relations commerciales — que Cuba remporta les plus grands succès dans les pre-

---

2. Boorstein, op. cité., p. 119.

3. Ibid., pp. 119-120.

mières années de la Révolution. Le commerce avec l'Union Soviétique commença en 1959 et 1960, mais resta tout d'abord d'un niveau assez modeste. La situation changea du tout au tout lorsque éclata entre Cuba et les Etats-Unis, dans le courant de l'été 1960, une véritable guerre économique. Cuba achetait du pétrole à l'Union Soviétique, mais les propriétaires américains des raffineries situées sur le territoire cubain refusèrent de le traiter. Cuba riposta en nationalisant les raffineries. Les Etats-Unis boycottèrent le sucre cubain, laissant « sur le carreau » trois millions de tonnes de canne à sucre invendues. C'est à ce moment que l'Union Soviétique et les autres pays socialistes entrèrent en scène massivement, offrant leur marché au sucre cubain et prenant la place des Etats-Unis, d'une façon générale, en tant que principaux clients et fournisseurs de Cuba. Autre point non moins important, les pays socialistes devinrent une source vitale de crédits, à un moment où les possibilités cubaines d'exportation restaient loin derrière ses besoins en importations. Le tableau n° 6 fournit une bonne estimation de l'importance vitale des relations économiques entre Cuba et les pays socialistes, dans le courant de l'été 1962.

Les statistiques des échanges pour les années suivantes confirment l'impression donnée par ce tableau : en acquérant de nouveaux partenaires commerciaux, Cuba ne devenait complètement dépendant d'aucun de ces pays, comme cela avait été le cas dans la période pré-révolutionnaire. Les importations en provenance de l'U.R.S.S. ont régulièrement représenté environ la moitié du total des importations cubaines et les exportations vers l'U.R.S.S., une proportion légèrement plus faible. Le reste du commerce extérieur cubain se partageait entre les autres pays socialistes d'une part et un nombre considérable de pays capitalistes d'autre part (parmi lesquels l'Espagne, le Japon, la France, la Grande-Bretagne et le Canada ont joué le rôle le plus important). Sur ce plan donc, Cuba a fait d'importants pro-

TABLEAU VI

Crédits accordés à Cuba par les pays socialistes

Pays	crédits (en millions de dollars)	intérêt annuel (pour cent)	Utilisation	délais d'amortissement (en années)
U.R.S.S.	100	2,5	Assistance technique et scientifique aux industries du nickel et du cobalt avec fourniture d'équipement, d'instruments et de machines	5
U.R.S.S.	100	2,5	Raffineries de pétrole, aciéries, installations électrique, études géologiques, services	12
Chine	60	0,0	Entreprises industrielles et équipement, machines et outillage	10
Tchécoslovaquie	40	2,5	Machines, équipement industriel, usines électriques, industrie automobile	10
Hongrie	15	2,5	Usines, machines, équipement, outillage	10
Roumanie	15	2,5	Machines, équipement industriel, outillage	à partir de 1966
Pologne	12	2,5	Equipement industriel, chantiers navals	8
Allemagne de l'Est	10	2,5	Equipement industriel, magasins et divers	10
Bulgarie	5	2,5	Equipement, usines de réfrigérateurs, installations hydrauliques	10
Total	**357**			

Source : « Bohêmia », 17 août 1962, reproduit dans le livre de Dudley Seers (éd). « Cuba, la Révolution économique et sociale » (Chapel Hill, University of North Carolina Press, 1964, p. 313).

grès et a satisfait son besoin profond de diversification.

En dépit de ce succès — et des gains plus modestes réalisés en matière de polyculture et d'industrialisation, dont nous avons parlé plus haut — il faut admettre que la politique économique des premières années de la Révolution a échoué dans un domaine crucial : elle n'a pas abouti, ni même ouvert la voie à une stratégie viable de développement. A l'origine, on avait espéré que la polyculture et l'industrialisation permettraient de réduire radicalement les besoins en produits importés. On pensait également pouvoir diminuer par la suite les exportations, une fois remboursés les crédits avancés par les pays socialistes pendant la période d'industrialisation. Plus tard, ces remboursements étant achevés, grâce aux bienfaits de la polyculture et à l'acquisition d'une forte base industrielle, Cuba pourrait entrer, pensait-on, dans une longue ère de développement vigoureux et équilibré, et reposer essentiellement, sinon complètement, sur ses propres ressources. Le sucre, longtemps le symbole haï de la domination impérialiste, serait relégué à un rôle de second plan ; et l'industrie moderne prendrait la place qui lui revient, comme force motrice d'un véritable développement économique. Il n'était pas rare, à cette époque, d'entendre parler, pour un avenir rapproché, d'un taux annuel de développement de 15 % : certains pensaient parvenir dès 1965 à une balance commerciale bénéficiaire et à l'équilibre de la balance des paiements avant la fin de la décennie. Après cela, tout marcherait « comme sur des roulettes ».

Ces espérances optimistes étaient compréhensibles à l'époque.[4] Les ressources naturelles de Cuba étaient scandaleusement sous-utilisées avant la Révolution : moins de la moitié des terres arables étaient effectivement cultivées ; le taux de chômage s'élevait au moins

---

4. Nous les avons partagés. Voir « Cuba : Anatomie d'une Révolution », particulièrement le chapitre 13 et l'épilogue.

à 25 % de la main-d'œuvre et de nombreuses entreprises avaient un stock énorme de matières premières
et de produits finis. Dans ces conditions, la production
put se développer impétueusement, ainsi que nous
l'avons vu, grâce à un puissant stimulant : le développement du pouvoir d'achat des masses, libéré par la Révolution. Edward Boorstein, qui occupa des postes importants dans les organisations économiques du gouvernement révolutionnaire pendant la période 1960-1963, nous
donne un bon résumé de la situation :

« Les rapides progrès de l'économie cubaine dans
les premières années après l'arrivée au pouvoir du régime révolutionnaire ont été rendus possibles par l'utilisation des réserves. Le désordre même de l'économie
prérévolutionnaire a joué par avance le rôle de tremplin. Rien qu'en utilisant à plein les capacités produc-
trices de l'industrie et la main-d'œuvre inemployée, il
fut possible de construire des écoles, des hôpitaux et
des logements. En donnant aux sans-travail accès aux
terres en friches ou insuffisamment cultivées, il fut possible d'obtenir un accroissement rapide de la production agricole. La production industrielle s'accrut de
plus de 15 % dans la première année de la Révolution,
rien que grâce à la pleine utilisation des possibilités. Il
fut également possible d'économiser 10 millions de dollars en supprimant l'importation de produits de luxe
qui étaient réservés à une petite partie de la population. »[5]

Il n'est pas surprenant que ces premiers succès aient
engendré une atmosphère d'optimisme. Tout paraissait
possible. Mais, malheureusement, on dut bientôt dé-
chanter. La production, dans un domaine après l'autre,
se heurta au plafond des ressources existantes. Des
embouteillages de toutes sortes commencèrent à se produire. L'économie cubaine, sérieusement affaiblie par

---

5. Boorstein, op. cité., p. 82.

le blocus américain et manquant d'une planification efficace, ne put faire face à ces difficultés. Les progrès des premières années furent stoppés et, dans certains domaines, la production baissa. La récolte de canne à sucre, par exemple, après avoir atteint en 1961 le chiffre record de 6,9 millions de tonnes, tomba brusquement à 4,8 millions en 1962, et à 3,8 millions en 1963, soit une chute de 45 % en deux ans. Ce déclin de la production sucrière ne fut que l'un des facteurs de la détérioration dramatique de la balance des paiements. Le tableau n° 7 montre ce qui est arrivé.

TABLEAU VII
Exportations et importations (en millions de dollars)

Année	Exportations	Importations	Surplus (+) ou déficit (—)
1960	618,2	579,9	+ 38,3
1961	624,9	638,7	— 13,8
1962	520,6	690,2	— 169,6

Source : Edward Boorstein, « La transformation économique de Cuba » (New-York et Londres : Monthly Review Press, 1968), p. 130.

On peut remarquer que le déficit était dû à la fois à la diminution des exportations et à l'augmentation des importations : les premières avaient baissé de 16 % et les secondes s'étaient élevées de 19 %. « Le déficit de la balance des paiements, écrit Boorstein, devint le problème économique central de Cuba ; il reflétait et aggravait les difficultés essentielles de l'ensemble de l'économie. »[6]

---

6. Ibid., pp. 132-133. L'analyse faite par Boorstein de l'ensemble du problème — spécialement dans son chapitre intitulé « Pression accrue sur les ressources » (chapitre 4) est excellente.

A ce moment-là (1962), il était déjà clair que le remplacement de produits importés par des produits nationaux, au moyen de l'industrialisation, dont on attendait tant au départ, n'apporterait aucune solution au problème de la balance des paiements et même contribuerait pendant longtemps à en aggraver le déficit. Et ceci non seulement parce que ce développement de l'industrie exigeait des importations considérables de machines et d'équipement, mais aussi parce que dans la plupart des cas, le fonctionnement des nouvelles entreprises dépendait des importations de matières premières, de carburant, de pièces de rechange, etc. En substituant aux importations la production nationale, on obtint peu de résultats, et même aucun.

L'enthousiasme du début se refroidit, avec l'expérience, pour d'autres raisons. On manquait cruellement de techniciens, d'administrateurs, d'ouvriers qualifiés. Une grande partie des usines et de l'équipement livrés par les pays socialistes se révéla d'une qualité médiocre. Mais surtout, il devint de plus en plus évident que les besoins de Cuba en produits industriels n'étaient pas, et ne deviendraient pas dans un avenir prévisible, assez importants pour justifier l'implantation d'une grande diversité d'industries modernes, technologiquement efficaces. En s'attelant à un programme visant à diversifier l'industrie, Cuba se condamnait lui-même, en fait, au retard industriel.

Il était clair que la situation exigeait une nouvelle stratégie de développement économique. Le besoin historique de diversifier avait été activement satisfait. Il avait produit des résultats très utiles et une expérience plus utile encore. Mais le déficit prolongé de la balance des paiements — menace implicite à l'indépendance nouvellement acquise — et la frustration des espoirs optimistes des premières années, provoquaient une crise que la Révolution ne pourrait surmonter qu'avec de nouvelles idées et une politique courageuse.

CHAPITRE V

LA NOUVELLE STRATEGIE DU DEVELOPPEMENT

En cherchant une issue à la crise économique dans laquelle ils se trouvaient en 1962, les dirigeants cubains furent contraints de réexaminer tous les postulats sur la base desquels ils avaient agi auparavant. La principale conclusion à laquelle ils parvinrent fut la suivante : si, dans les conditions présentes, la polyculture, associée à l'industrialisation, n'a pas donné de résultats, alors il faut revenir à la spécialisation agricole. Ils se demandèrent comment ils pourraient s'engager dans cette voie sans condamner le pays à un avenir de dépendance et de sous-développement, semblable au passé. Et ceci les conduisit à élaborer une stratégie entièrement nouvelle de développement.

La canne à sucre et l'élevage furent choisis comme objets principaux de la spécialisation agricole. Pour ces deux produits, les conditions naturelles sont en effet favorables (composition physique et chimique du sol, climat). A ces conditions s'ajoute, en ce qui concerne le sucre, l'expérience accumulée et l'existence d'une importante industrie de transformation. L'augmentation des ventes de sucre à l'étranger pourrait résoudre le problème de la balance des paiements. Pendant quelques années, l'accroissement de la production de viande et de produits laitiers serait absorbé par la consommation intérieure, mais plus tard, la politique des investissements serait orientée en fonction des besoins de ces deux secteurs : non seulement les investissements agricoles directs, mais aussi les investissements concernant l'industrie et l'infrastructure. Dans ce dernier domaine, le principe directeur serait de satisfaire les besoins de l'agriculture en expansion : engrais, courant électrique, instruments de travail, logements pour les travailleurs, silos et hangars, routes, irrigation, etc. Tout ceci était considéré, non comme une renonciation définitive à la diversification générale de l'industrie et de l'agriculture, mais comme une nécessaire condition préliminaire. La canne à sucre et l'élevage pourraient être rationalisés et mécanisés aussi rapidement que possible, dans le but d'accroître sensiblement la productivité et le rendement à l'hectare. De cette façon, après une période transitoire, la terre et la main-d'œuvre seraient libérées pour d'autres utilisations et les investissements pourraient alors être dirigés vers d'autres cultures et d'autres industries.

L'efficacité de cette stratégie du développement dépendait, bien entendu, de l'existence d'un marché sûr *et en expansion* pour le sucre cubain. Avant la Révolution, le système nord-américain des quotas d'importation fournissait à Cuba un marché sûr, mais non en expansion. La stratégie élaborée en 1962 aurait donc été inapplicable à cette époque. Mais maintenant, les choses étaient évidemment très différentes. Cuba faisait déjà partie du système socialiste international et il était prouvé que les pays socialistes pouvaient, s'ils le désiraient, fournir un débouché au sucre cubain. Tout le monde comprenait, cependant, que les achats massifs qu'ils firent au milieu de l'année 1960 étaient une véritable opération de survie, entreprise pour des raisons politiques. Il n'y avait aucune garantie, ni que ces achats seraient maintenus les années suivantes, ni que les prix consentis par les pays socialistes seraient les mêmes à l'avenir. C'est pourquoi les Cubains cherchèrent à savoir si le marché socialiste pourrait devenir un marché stable, rémunérateur et en expansion.

Peut-être connaîtra-t-on un jour dans tous ses détails l'histoire des discussions et des négociations qui se déroulèrent entre La Havane et Moscou en 1962 et 1963. Ce récit serait passionnant. Jusqu'à quel point les idées qui servirent de base à l'accord finalement signé le 21 janvier 1964 reflétaient-elles le point de vue cubain et jusqu'à quel point celui des Russes ? Nous connaissons les problèmes économiques urgents qui ont poussé les Cubains à rechercher l'accord, mais nous ne savons presque rien des motivations des Russes. Leurs raisons étaient-elles essentiellement politiques, comme la plupart des observateurs l'ont affirmé, ou bien les considérations économiques ont-elles joué, pour eux comme pour les Cubains, un rôle important ?

Quelle que soit la réponse à ces questions, il est important de comprendre que la politique économique soviétique à l'égard de Cuba, appliquée pour l'accord sucrier de 1964, n'est pas inspirée par des sentiments charitables, mais par la volonté de produire de substantiels bénéfices à long terme pour l'U.R.S.S. Plusieurs facteurs nous ont amenés à cette conclusion :

1. A cause de la nature de son sol et de son climat, l'Union Soviétique ne peut pas et ne pourra sans doute jamais produire à bas prix des denrées agricoles. Et il est certain que la production du sucre lui revient à un prix élevé.

2. Encore à cause de son sol et de son climat, mais aussi par suite d'une longue expérience historique, Cuba produit son sucre à bon marché, peut-être au prix de revient le plus bas du monde entier. [1]

---

1. A notre connaissance, aucune étude détaillée des coûts comparés de la production de sucre à Cuba et en U.R.S.S. n'a été effectuée. Michel Gutelman pense que « les coûts de production sont beaucoup plus élevés en Union soviétique ». Selon René Dumont (un agronome français très réputé), en Ukraine, avec des rendements de 20 tonnes de betteraves à sucre à l'hectare, les coûts seraient le double de ceux de Cuba. « Certains, ajoute-t-il, estiment que les coûts moyens de production

3. L'Union Soviétique produit à bon marché de
nombreuses marchandises dont Cuba a le plus urgent
besoin : pétrole, camions et jeeps, tracteurs, machines, etc.

4. Il s'ensuit que si les prix sont en rapport avec
le coût de la production, l'Union Soviétique peut réduire les frais de sa consommation intérieure de sucre
en développant ses échanges avec Cuba. Plus ces
échanges augmenteront, plus l'U.R.S.S. réduira ces
frais.

5. De plus, l'Union Soviétique se trouve dans une
phase de son développement économique caractérisée
par une augmentation rapide de la consommation de
sucre. Les échanges avec Cuba peuvent donc s'étendre
sans mettre en danger les investissements soviétiques
dans le domaine de la production et du traitement industriel des betteraves. La seule chose à faire est de
ralentir quelque peu le taux d'accroissement de la production nationale de sucre. Ainsi, en plus des raisons
politiques, des avantages économiques concrets ont
poussé l'U.R.S.S. à engager les négociations sucrières
avec Cuba. Aux termes de l'accord conclu, l'Union Soviétique s'est engagée à acheter les quantités suivantes
de sucre cubain (en millions de tonnes) :

1965	....	2,1	1968	....	5 0
1966	....	3,0	1969	....	5,0
1967	....	4,0	1970	....	5,0

Le prix a été fixé, pour la durée de l'accord, à
6,11 cents la livre. Ce prix était plus élevé que ceux

---

en Union soviétique dépassent 16 cents la livre.» Dans cette
hypothèse, les coûts en U.R.S.S. seraient trois fois plus élevés
qu'à Cuba et dépasseraient de loin à la fois les prix du marché
mondial et les prix payés à Cuba. (« L'agriculture socialisée à
Cuba », p. 215.)

2. Même avec les grandes quantités de sucre importées de
Cuba, la production soviétique est passée de 5,8 millions de
tonnes en 1960 à 9,6 millions en 1965, soit une augmentation
annuelle moyenne de 13 %. (« Statistical Abstract of the Uni-
ted States », 1967, p. 877.)

qui avaient été consentis par les Américains aux producteurs cubains, dans le cadre des « quotas » d'importation, avant la rupture entre les deux pays. Comparé au cours mondial, selon le calcul fait par le premier ministre Castro dans le discours qu'il a prononcé à l'Université de La Havane le 13 mars 1968, l'accord a rapporté à Cuba le bénéfice suivant (en cents par livre) :

1963	8,48	1966	1,86
1964	5,86	1967	1,99
1965	2,12	1963-67 (moyenne)	3,39

Les autres pays socialistes ont bientôt conclu avec Cuba des accords semblables. La Chine achète le sucre cubain au même prix : 6,11 cents la livre. Ses importations atteindront un million de tonnes en 1970. Les pays socialistes de l'est de l'Europe se procurent à Cuba des quantités moins importantes, à des prix légèrement moins élevés.

Une fois adoptée la nouvelle stratégie de développement et résolu le problème des débouchés, le problème n° 1 devint pour Cuba celui de l'augmentation de la production de sucre. En fait, avant même la signature des accords avec les pays socialistes, Fidel avait rendu sensible le problème en proposant un objectif de 10 millions de tonnes pour 1970.

Lorsque l'on pense que la plus forte récolte jamais enregistrée à Cuba fut de 7,2 millions de tonnes (en 1952), que depuis 1960 de nombreuses terres à canne à sucre avaient été consacrées à d'autres cultures, que dans les usines on avait laissé se détériorer des machines et des équipements, que de nombreux techniciens avaient quitté le pays, quand on songe à tout cela, on peut comprendre le caractère ambitieux de l'objectif de 10 millions de tonnes en 1970.[3] Mais ce

---

3. Une bonne analyse de la révolution technique dans l'industrie sucrière qu'impliquait l'objectif de 10 millions de tonnes se trouve dans le livre d'Edward Boorstein, « La transformation économique de Cuba », pp. 206-209.

n'était pas là la seule tâche fixée au pays par les dirigeants révolutionnaires. Comme nous l'avons déjà dit, l'augmentation du cheptel était, après l'accroissement de la production de sucre, la seconde arme de la nouvelle stratégie de développement. Voici ce qu'écrit à ce sujet Michel Gutelman :

« En 1964, les grandes lignes d'un ambitieux plan perspectif d'élevage furent tracées. Il s'agissait de passer d'un troupeau de 6,6 millions de têtes à un troupeau de 12 millions en 1975. Celui-ci devait être d'une structure telle qu'il permît un abattage annuel de 4 millions de têtes et la production de 30 millions de litres de lait par jour. Pour cela, on prévoyait un considérable effort d'aménagement de la base alimentaire par la transformation de pâturages naturels en pâturages artificiels, une amélioration du troupeau sur le plan génétique par l'insémination artificielle et, enfin, des investissements considérables dans les installations industrielles... »[4]

En ce qui concerne les autres produits agricoles, la nouvelle stratégie de développement exigeait la réduction draconnienne des « nouvelles » cultures, c'est-à-dire celles qui avaient été inaugurées, ou largement développées, en vertu de la politique de polyculture pratiquée pendant les premières années (riz, maïs, coton, cacahuètes, etc.). L'importation de ces produits allait être de nouveau nécessaire, mais on estimait que les terres, la main-d'œuvre et les autres ressources qui leur étaient consacrées donneraient un meilleur rapport si elles étaient affectées à la culture de la canne à sucre. Toutefois, des efforts continueraient d'être faits pour accroître la production de certaines denrées alimentaires de grande consommation qui ne pourraient être facilement importées (légumes, œufs et volailles par exemple). De plus, on développerait la culture de pro-

---

4. Michel Gutelman, op. cit., p. 179.

duits exportables autres que le sucre, notamment le
tabac, le café et le citron, dont les Cubains ont une
expérience ancestrale. Pour le café et les citrons, les
objectifs avaient déjà été placés à un haut niveau depuis deux ans ; et, à la suite d'un désaccord avec la
Chine sur les importations de riz, dans le courant de
l'hiver 1965-1966, on décida de reprendre la culture
de cette denrée, sans toutefois que le plan prévoie, en
ce domaine, une complète autonomie. Un rapport soumis à la conférence de la F.A.O., qui s'est tenue à
Rome en 1967, par la délégation cubaine, définit ainsi
les objectifs à atteindre en 1970 [5]:

a) produire 10 millions de tonnes de sucre ;
b) satisfaire les besoins intérieurs en racines et autres légumes et fruits. Obtenir des surplus exportables de ces deux derniers produits ;
c) produire 90 000 tonnes de café ;
d) cultiver 65 000 hectares de haricots et 200 000
hectares de riz sur les terres appartenant à
l'Etat ;
e) subvenir aux besoins de l'industrie textile avec
des matières premières produites sur place ;
f) planter 100 000 hectares de citronniers qui atteindront le niveau mondial de productivité (et de
qualité ?) ;
g) planter plusieurs autres milliers d'hectares de
tabac.

Au moment où l'on mettait en œuvre la nouvelle
stratégie de développement économique, les dirigeants
cubains lancèrent un programme de réforme d'organisation de grande envergure. Pour de nombreuses raisons
(les plus importantes étant le manque de personnel
qualifié, le danger de sabotage par les contre-révolutionnaires, la nécessité de décider et d'agir conformément
à la politique économique de la révolution), un haut

---

5. « Production agricole et cheptel à Cuba », 1965-1967
(exemplaire ronéotypé, en anglais), p. 21.

degré de centralisation avait été la caractéristique inévitable des premières phases du régime socialiste. Il est à peine exagéré de dire que, sauf pour les problèmes financiers, l'ensemble de l'économie du pays était placé sous le contrôle d'un seul organisme, l'Institut de Réforme Agraire (I.N.R.A.), dirigé essentiellement par des membres de l'Armée rebelle. Au sein de l'I.N.R.A. se développa, d'abord spontanément, puis d'une manière plus systématique, ce que Michel Gutelman a appelé une structure « sectoralisée ».[6] Par exemple, un département était responsable des Fermes Sucrières et un autre des Fermes Populaires qui se livraient à d'autres cultures (plus tard, ces deux secteurs furent unifiés, pour former les Fermes d'Etat). L'industrie était placée sous la juridiction du ministère de l'Industrialisation (plus tard ministère de l'Industrie) qui, à son tour, était divisé en plusieurs groupes. Tous ces secteurs avaient établi leur organisation propre, qui descendait de la direction centrale vers les provinces et les régions. Chacun d'eux était plus ou moins jaloux de son indépendance et de ses prérogatives. La coordination était difficile — et souvent impossible — à réaliser. La seule qui existait ne concernait pas le travail dans les usines, mais les plus hauts échelons de la bureaucratie. C'est ainsi, par exemple, que dans une Ferme Sucrière, à la fin de la récolte, il pouvait y avoir un surplus de main-d'œuvre et d'équipement, tandis qu'au même moment on pouvait en manquer dans la Ferme Populaire voisine, produisant des denrées différentes. Les formes existantes d'organisation ne fournissaient pas le moyen de résoudre ce simple problème. En pratique, ou bien le travail n'était pas fait, ou bien le département de l'I.N.R.A. responsable des Fermes Populaires se mettait

---

6. Le livre de Gutelman contient de loin la meilleure description et analyse que nous ayons vue de ces problèmes et changements en matière d'organisation. Voir spécialement troisième et quatrième parties, pp. 69-148.

à grappiller à droite et à gauche, afin de trouver tout ou partie des ouvriers et de l'équipement nécessaires dans d'autres Fermes Populaires, parfois situées à des dizaines de kilomètres, dans d'autres districts ou provinces. Dans les deux cas, on assistait à un gaspillage évident des ressources, qui aurait pu être évité.

La situation n'était pas meilleure dans l'industrie, et le simple fait de transformer le département de l'Industrialisation de l'I.N.R.A. en ministère de l'Industrie, au début de 1961, n'avait pas été d'un grand secours. Placer toute l'industrie sous le contrôle centralisé d'un seul organisme siégeant à La Havane ne pouvait amener que lourdeur et inefficacité. Comme, de son côté, l'agriculture avait une organisation fractionnée, la coopération effective entre les deux activités économiques était pratiquement impossible.

La réforme structurelle de l'agriculture a été réalisée approximativement entre mi-1963 et mi-1964. Son but n'était pas la décentralisation, encore que celle-ci ait eu lieu en fait jusqu'à un certain degré, mais plutôt la « désectoralisation ». Toutes les fermes dont l'Etat était propriétaire furent reclassées « Fermes d'Etat », et groupées sur une base géographique en *agrupaciones*. Au moment de la seconde Réforme Agraire (octobre 1963), les délimitations des fermes d'Etat furent rationalisées. On leur incorpora les terres nouvellement nationalisées. L'*agrupacion* devint alors une unité de base, administrative et directoriale, contrôlant les fermes d'Etat de la région, sous la responsabilité d'un administrateur provincial. Les six administrations provinciales étaient à leur tour placées sous la responsabilité de la direction nationale, à La Havane. En 1966, il y avait 58 *agrupaciones*, comprenant 575 fermes d'Etat d'une étendue allant de 13 000 à 100 000 hectares. A ce moment, l'I.N.R.A. était un véritable ministère.[7]

---

7. Nous avons passé beaucoup de temps à l'INRA lorsque nous étions à Cuba en 1960. C'était une organisation im-

Cette réforme permit de liquider le vieux système de « sectoralisation » et de répartir le personnel de l'administration centrale dans les *agrupaciones* provinciales ou les fermes d'Etat. Elle a également permis d'éliminer la plupart des anomalies et absurdités de la « sectoralisation ». Prenons, par exemple, le cas de la Ferme Sucrière et de la Ferme Populaire, dont nous avons parlé plus haut : les deux sont devenues des fermes d'Etat, sous la juridiction d'une seule *agrupacion* dont la fonction, parmi d'autres, est de veiller à ce que la main-d'œuvre et l'équipement soient distribués, à l'intérieur de son territoire, dans les endroits où ils sont le plus utiles.

A la fois dans le domaine de l'industrie et dans celui des relations entre l'entreprise et l'agriculture, le principe directeur de la nouvelle structure était : « intégration ». Il est utile de citer ici assez longuement l'intéressante interprétation donnée par Gutelman de ce principe. Ce qu'il dit aide beaucoup à comprendre la philosophie organisationnelle de la révolution cubaine. Le nouveau principe d'organisation implique :

« La reconnaissance de la nécessité de lier tout le processus de production à sa base matérielle, en supprimant les obstacles artificiels issus des méthodes administratives. Dans cet esprit, la séparation nette entre les sphères de l'agriculture, de l'industrie, des transports, de la commercialisation interne et de la commercialisation externe, était condamnée. Cette condamnation devait déboucher sur une liquidation, plus ou moins

---

mense, pleine d'animation, occupant en totalité l'un des plus grands immeubles de la Plaza de la Révolucion. Des délégations et des citoyens venus de tous les coins du pays y entraient et en sortaient sans interruption. Quand nous revînmes à l'INRA en 1968, il avait été déplacé dans des locaux plus petits, dans la vieille ville. De toute évidence, il n'était qu'un organisme gouvernemental tout à fait ordinaire, sans importance ou activité particulière.

complète, des ministères de l'Industrie et du Commerce extérieur...

Pour remplacer ces ministères, et en fonction des différents types de production, on proposait d'organiser des ensembles légers, dotés tout à la fois des fonctions de production, de transformation, de transport, de distribution interne, d'importation et d'exportation. Ces ensembles constitueraient de véritables combinats, c'est-à-dire des lignes de processus intégrés verticalement, de la production à la distribution. Dans la mesure du possible, ces combinats devaient avoir un caractère national, c'est-à-dire qu'ils devaient dépendre directement de la Junte centrale de planification, sans aucune instance intermédiaire. Dans le cas où il ne serait pas possible de dégager nettement une ligne de production de base, ces combinats seraient inscrits à un organisme central du type ministère. Le système du combinat semblait être valable pour un grand nombre d'activités de production, liées ou non à l'agriculture. »[8]

Dans le cadre de la mise en œuvre de ces idées, un certain nombre de combinats ou d'organismes semblables, indépendants, entrèrent en fonction. Ce fut le cas, notamment, pour les œufs et pour le tabac. Plusieurs d'entre eux furent organisés au sein de l'I.N.R.A. D'autres furent placés sous la responsabilité des cinq nouveaux ministères qui remplacèrent le ministère de l'Industrie : les ministères de la Métallurgie et des Mines, de l'Industrie lourde, de l'Industrie légère, du Ravitaillement et du Sucre. Naturellement, il y eut beaucoup de compromis et d'exceptions au principe de base. Divers changements sont également intervenus au cours des années suivantes. Cependant, il semble que « l'intégration » ait été un principe d'organisation efficace, qu'il le reste et qu'il le restera dans l'avenir.

A la fin de 1965, la révolution cubaine avait trouvé

---

8. Gutelman, op. cité., pp. 129-130.

sa voie à la fois pour la stratégie du développement et pour l'organisation de l'économie. Elle a parcouru du chemin depuis, sans dévier pour l'essentiel de la route tracée au cours des années de transition, 1963, 1964 et 1965.

CHAPITRE VI

REALISATIONS ECONOMIQUES, 1959-1968

L'une des premières réalisations économiques de la révolution cubaine a été une grande amélioration de la compréhensibilité et de l'exactitude des statistiques sur la production, la consommation, le commerce, etc. La Commission Centrale de Planification (*Junta Central de Planificacion : JUCEPLAN*) rassemble des statistiques et les met à la disposition de tous les organismes intéressés du gouvernement et du Parti. Cependant, ces recueils ne sont pas des documents publics et il n'est donc pas possible de les citer. Et cela à cause du blocus des Etats-Unis et de la préoccupation normale des Cubains de ne pas faciliter la tâche des services d'espionnage américains en leur fournissant des renseignements sur ce qui se passe dans l'île. Cependant, les Cubains rendent publiques un certain nombre de ces statistiques et d'autres informations économiques — soit dans les discours de Fidel et d'autres dirigeants, soit dans les rapports aux Nations Unies et à ses organismes spécialisés, soit dans des articles de journaux et de périodiques. De plus, les personnalités officielles se font souvent un plaisir de donner des informations sur demande, en spécifiant ce qui peut être publié et ce qui doit rester confidentiel. En ce qui nous concerne, nous avons eu la grande chance d'avoir une longue conversation avec le président Dorticos qui, en tant que directeur du JUCEPLAN, a probablement une meilleure vue que tout autre de l'ensemble de la situation économique, à l'exception peut-être de Fidel lui-même. Il faut ajouter que de nombreux pays publient des statistiques détaillées sur leur commerce avec Cuba. Il est donc possible d'obtenir d'intéressantes informations de sources non cubaines. Nous avons essayé de sélectionner ici quelques faits et chiffres obtenus de ces différentes sources, qui donneront au lecteur un aperçu des grandes lignes du développement économique de Cuba au cours de cette période.

SUCRE

La production cubaine de sucre a atteint son point culminant — 7,2 millions de tonnes — en 1952, pendant la guerre de Corée. A la suite de cela, la demande ayant diminué et les prix ayant baissé, la production fut réduite par un système de contrôles. Pendant les autres années précédant la Révolution, la récolte oscilla entre 4,5 et 5,8 millions de tonnes. Elle dépendait principalement de la situation du marché mondial.

Pour comprendre ce qui s'est passé depuis la Révolution, il est nécessaire d'avoir à l'esprit certaines données élémentaires sur la culture de la canne à sucre.

D'abord, la canne est une plante vivace dont la qualité se détériore si elle n'est pas soignée (sarclage, irrigation, utilisation d'engrais, etc.) mais qui peut être coupée et laissée en place d'une année à l'autre pendant très longtemps. Pendant la période de production contrôlée, les surfaces plantées dépassaient de beaucoup celles où la canne était coupée. Lorsque la Révolution s'installa au pouvoir, on disposait donc de réserves considérables, et c'est une des raisons pour lesquelles la production a beaucoup augmenté pendant les trois premières années. Ensuite, le manque de main-d'œuvre agricole ne commença à se faire sentir qu'au moment de la récolte de 1962. Et troisièmement, ces trois premières années de la Révolution furent des années de pluies abondantes, comme le montre le graphique n° 1.

GRAPHIQUE N° I

Précipitations annuelles
(périodes de douze mois finissant le 30 avril)

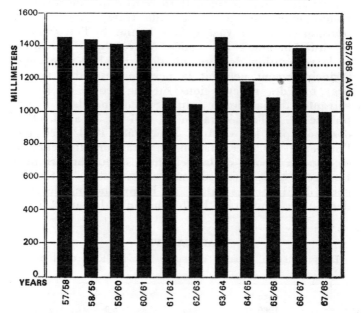

Source : Granma, 30 juin 1968.

Le climat cubain comporte deux saisons : la saison chaude et pluvieuse, de mai à octobre, et la saison sèche et plus froide, de novembre à avril. Ces conditions climatiques déterminent le cycle de la production du sucre. La canne pousse pendant la saison des pluies et mûrit lorsque les précipitations diminuent et que la température s'adoucit. On la coupe pendant la saison sèche. On peut à ce moment effectuer de nouvelles plantations et cultiver les nouvelles pousses des anciens plants que l'on a décidé de conserver (on les appelle les rejetons).

La sécheresse, si elle est accentuée, peut provoquer le desséchement de la canne, mais le plus souvent la rareté des pluies se traduit par une diminution de la teneur en sucre des tiges. Il en résulte qu'une mauvaise récolte exige presque autant de travail, de frais de transport et de broyage qu'une bonne. Si l'on examine la situation année par année, on voit que la hauteur et la répartition des précipitations pendant une année (principalement pendant la période de mai à novembre) ont des répercussions sur la récolte de l'année suivante (de janvier à juin). Si, comme dans le graphique n° 1, l'année va du 1er mai au 30 avril, et est désignée par les chiffres 1957/1958, 1958/1959, etc., l'influence des précipitations se fera normalement sentir dans la récolte de la seconde des deux années mentionnées. Après avoir donné ces précisions, jetons un coup d'œil sur les bilans de la production de sucre depuis l'avènement de la Révolution (tableau n° 8).

TABLEAU VIII

La production cubaine de sucre (en millions de tonnes)

1959	6
1960	5,9
1961	6,8
1962	4,8
1963	3,8
1964	4,4
1965	6,1
1996	4,5
1967	6,1
1968	5,1 (est)

Source : 1959-1967 : Junta Central de Planification (grâce à la courtoisie de la délégation cubaine aux Nations unies). 1968 : estimations publiées par Granma.

Après les trois premières bonnes années, les pluies furent moins abondantes. Les réserves de la période pré-révolutionnaire avaient été depuis longtemps utilisées et de vastes étendues de terres sucrières avaient été consacrées à d'autres cultures. De plus, 1961 et 1962 furent toutes deux des années de sécheresse (voir graphique n° 1). Enfin, pour la récolte de 1962, on manqua de main-d'œuvre agricole et il fut difficile, voire impossible de recruter des coupeurs de canne saisonniers.

En 1964, les résultats de la nouvelle stratégie de développement commencèrent à se manifester. Grâce à une extension des surfaces cultivées et à des précipitations normales, la récolte de cette année-là (4,4 millions de tonnes) était en augmentation par rapport à la précédente, exceptionnellement mauvaise (3,8 millions). Les nouveaux progrès réalisés en 1965, où l'on atteignit 6,1 millions de tonnes, semblaient prouver que la production du sucre avait réellement décollé et que l'on était en bonne voie pour atteindre l'objectif de 10 millions de tonnes, fixé pour 1970. La performance réalisée en 1965 était particulièrement remarquable. En effet, l'augmentation de 30 % intervint au cours d'une année (1964-1965) de sécheresse. Les pluies avaient diminué de 18 % par rapport à la campagne précédente (1963-1964), et avaient été bien inférieures à la moyenne générale des années 1957-1968.

Cependant, à y regarder de plus près, on peut constater que cette relation entre l'augmentation de la production de sucre et la diminution des précipitations est plus apparente que réelle. Les statistiques mensuelles montrent que les chutes de pluie ont été au-dessus de la moyenne pendant la période cruciale de mai à

---

1. «Granma», 30 juin 1968.

novembre, pendant laquelle la récolte de 1965 a poussé et mûri.[1] La sécheresse ne commença réellement qu'en décembre 1964, trop tard pour avoir une répercussion sur la récolte de 1965. A partir de ce moment-là, et jusqu'en janvier 1966, les précipitations furent, chaque mois, en dessous du niveau normal. Le total, pour cette période de treize mois, fut de 27 % inférieur à la moyenne générale 1957-1968. Les pleins effets de la sécheresse furent donc ressentis au moment de la récolte de 1966 qui, avec 4,5 millions de tonnes, tomba de 25 % par rapport à 1965 et fut la seconde plus mauvaise récolte de la période révolutionnaire.

On ne tarda pas à avoir la preuve que l'amélioration des méthodes de culture — meilleure sélection des variétés de canne, plantation moins espacée et par-dessus tout, fertilisation plus intensive — pourrait seule réduire l'influence des chutes de pluies sur l'abondance des récoltes. L'année 1967 fit apparaître la même relation entre pluie et récolte : les précipitations furent abondantes en 1966-1967 et la récolte atteignit 6,1 millions de tonnes, soit 24 % de plus qu'en 1966. L'épreuve se produisit avec la récolte de 1968. Dans l'ensemble de l'île, 1967-1968 fut l'année la plus sèche de la période révolutionnaire et l'une des plus sèches du xxᵉ siècle. Il faut ajouter que ces constatations générales ne donnent pas, et de loin, une vue complète de l'étendue du désastre. Les trois provinces orientales (Oriente, Camagüey et Las Villas) produisent les quatre-cinquièmes de la récolte totale de sucre, et c'est là que les pluies furent les plus rares. Dans son discours du 13 mars 1968, Fidel a donné les statistiques suivantes, concernant les précipitations dans chaque province. Nous y avons ajouté les pourcentages de diminution par rapport à l'année précédente (voir tableau 9).

Dans ces conditions, on peut dire que la récolte de 1968, d'environ 5,1 millions de tonnes, constitue un bon

résultat.[2] Et si l'on considère que pendant cette année
difficile, un travail considérable a été fait pour préparer la récolte suivante — en particulier un épandage
intensif d'engrais — il y a de bonnes raisons d'être

TABLEAU IX

Précipitations par provinces (en millimètres)

	1966	1967	pourcentage de diminution
Pinar del Rio	1 558	1 348	13,4
La Havane	1 651	1 242	24,8
Matanzas	1 702	1 338	21,4
Las Villas	1 587	1 042	34,3
Camaguay	1 268	960	34,6
Oriente	1 324	837	28,5

optimiste. La longue période de sécheresse 1967-1968 se
termina en mai,[3] et si les pluies sont assez abondantes
pendant le reste de la période de croissance de la
canne, 1969 sera une bonne année.

La production sera cependant encore très éloignée
de l'objectif de 10 millions de tonnes en 1970. Fidel
continue d'affirmer que ce but n'a été aucunement mo-

---

2. Le chiffre de 5,1 millions sous-estime la récolte d'environ cent mille tonnes. En effet, une partie de la quantité de
canne a été affectée à la production de mélasse, nourriture de
secours pour le bétail menacé de famine par la sécheresse. Voir
le discours prononcé le 1er mai par Raul Castro dans « Gramna »
du 12 mai 1968.

3. Comme le dit Fidel dans le discours qu'il prononça le
30 mai à l'occasion du démarrage de plusieurs programmes
d'irrigation dans la province d'Oriente : « Et, comme nous le
savons tous, le début de cette année a été encore plus sec
que celui de l'année dernière. Durant les premiers mois... les
provinces de Las Villas, Camagüey et Oriente ont été moins
arrosées qu'en 1967. Mais la sécheresse semble toucher à sa
fin. Pendant ce mois de mai, la pluie a été abondante : les
conditions atmosphériques sont bonnes pour notre pays. »

difié, et en fait, il prend un certain risque en promet-
tant qu'il sera atteint. Dans son discours du 13 mars
à l'Université de La Havane, il a déclaré :

« La question d'une récolte de sucre de dix millions de tonnes est devenue quelque chose de plus qu'un
objectif économique ; elle a été transformée en un point
d'honneur pour la Révolution ; elle est devenue la
pierre de touche qui jugera des capacités de la Révolution. Et si un défi a été lancé à la Révolution, il n'y
a aucun doute que la Révolution le relèvera avec
succès. »

Ces propos peuvent apparaître comme téméraires, et
peut-être le sont-ils. Mais Fidel n'a pas l'habitude de
parler à la légère. Il est possible que, malgré les difficultés et les déceptions des quelques dernières années,
Cuba atteigne l'objectif des dix millions de tonnes au
moment prévu. Il y aura beaucoup à dire à ce propos,
ainsi que sur les sujets connexes dont nous parlons
ci-dessous.

LES CARBURANTS

Dans son discours célébrant le neuvième anniversaire de la victoire de la Révolution, prononcé à La
Havane le 2 janvier 1968, le Premier Ministre a mis
l'accent sur les difficultés croissantes de Cuba dans le
domaine des carburants. Depuis que les Etats-Unis ont
commencé le blocus économique de Cuba, pendant l'été
de 1960, presque tout le pétrole du pays a été importé
d'Union Soviétique.[4] La consommation annuelle fut, en
1958, un an avant la Révolution, de 3 012 000 tonnes.

---

4. Castro a révélé que la production nationale de pétrole
avait été, en 1967, de 113 000 tonnes, alors que la consommation annuelle totale approche les 5 millions de tonnes. Des
quantités de forages ont été entrepris en divers endroits du
pays et quelques succès ont été enregistrés, notamment dans
la région de Guanabo, à une trentaine de kilomètres à l'est

En 1967, elle atteignit 4 867 000 tonnes, soit une augmentation de 62 %. Castro n'a pas donné les statistiques exactes pour chaque année, mais il a dit qu'il n'y avait eu pratiquement aucun changement pendant les années 1961, 1962 et 1963, et qu'ensuite, le taux annuel d'augmentation de la consommation avait été de 5,5 %. De ces chiffres, nous pouvons déduire que le taux d'augmentation a été élevé en 1959 et 1960 — de l'ordre de 12 à 15 %. Il paraît probable qu'avec l'expansion et la mécanisation croissantes de l'économie cubaine, les besoins en pétrole continueront d'augmenter au moins aussi vite que pendant la période 1964-1968. Cuba pourra-t-il se procurer le pétrole qui lui est nécessaire ? Dans son discours du 2 janvier 1968, Fidel n'a pas caché ses préoccupations à ce sujet :

« Il faut reconnaître que l'Union Soviétique a fait des efforts considérables pour nous fournir du carburant. (Applaudissements.) On a pu s'en rendre compte en voyant arriver 162 navires pétroliers en 1967, c'est-à-dire environ un bateau toutes les 54 heures. Mais beaucoup de choses indiquent qu'actuellement les possibilités de ce pays de nous fournir les quantités croissantes de carburant dont nous avons besoin sont limitées. Et notre pays est en plein développement ; il est au moment le plus décisif de son progrès économique... »

La nature exacte des « limites » des possibilités soviétiques de ravitailler Cuba n'apparaît pas clairement. Ce n'est certainement pas la production, car l'U.R.S.S. approche maintenant des 300 millions de tonnes de

de La Havane. Plus tard, dans son discours du 19 avril, commémorant le septième anniversaire de Playa Giron, Fidel annonça que Cuba avait obtenu de la Roumanie un crédit de 30 millions de dollars pour étendre les opérations de forage. D'une manière générale, les dirigeants cubains sont optimistes en ce qui concerne l'avenir de la production nationale, bien qu'ils reconnaissent qu'il est peu probable que celle-ci joue un rôle important au cours des toutes premières années.

pétrole par an [5] et tout le monde sait qu'elle dispose
d'un surplus exportable croissant, pour lequel elle
recherche des débouchés, particulièrement en Europe
occidentale. Peut-être est-il difficile de trouver la quantité de bateaux nécessaire, ou peut-être les limites sont-
elles davantage de nature politique que technique ou
économique. Quoi qu'il en soit, il est clair que le manque de pétrole constitue un danger d'embouteillage de
l'économie cubaine et qu'il faudra pratiquer dans les
années à venir une politique de stricte réglementation.
Ceci explique les mesures annoncées par Fidel dans
son discours du 2 janvier, dont la plus importante pour
le public a été le rationnement de l'essence pour les
voitures particulières. Dans un discours ultérieur, le
19 avril, Fidel attribua au rationnement de l'essence
le fait que toutes les machines agricoles aient pu continuer à fonctionner pendant les mois décisifs de la
récolte et de la plantation.

En dehors de ses conséquences économiques, le
rationnement de l'essence a eu d'importantes répercussions sociales. Aucune voiture n'ayant été importée, pour
un usage privé, depuis 1959, la circulation automobile
était déjà en diminution avant les restrictions. Avec
celles-ci, elle se réduisit à presque rien. La Havane est
ainsi devenue la ville de l'hémisphère occidental où il
y a le moins de bruit et où l'air est le moins pollué. A
un important carrefour, où sept rues débouchent sur
le Malecon (le grand boulevard du bord de mer), nous
avons compté, allant dans toutes les directions, en une
minute, dix-huit voitures, à une heure qui aurait été
normalement une heure de pointe. Autrefois, on aurait
pu en compter plusieurs fois autant. Et en rentrant de
Marianao à notre hôtel sur la cinquième avenue, un
après-midi vers six heures, le chauffeur a pu rouler à
cent kilomètres à l'heure sans gêner personne. Le fait

---

5. « La Pravda », 6 février 1968.

est que la voiture privée devient de plus en plus rare
à Cuba, à une époque où elle s'intègre chaque jour
davantage dans les plans économiques et la vie sociale
des pays socialistes de l'est de l'Europe. Nous avons
parlé ailleurs de ce que nous considérons comme la
désastreuse « automobilisation » de l'Union Soviétique,[6]
et nous saisissons cette occasion pour affirmer que le
processus de « dé-automobilisation » qui est en cours à
Cuba, en dépit de nombreux inconvénients et difficultés,
sera extrêmement profitable à long terme. L'automobile
particulière contribue grandement à créer les inégalités
sociales. C'est pourquoi son abolition, dans un pays qui
a déjà atteint un stade relativement avancé d'« automobilisation », peut être considérée comme une condition
préalable du développement d'une société où les différences de style de vie ne dépasseront pas des limites
raisonnables.

Poursuivons cette digression pendant encore quelques instants : les Cubains ont été trop préoccupés par
bien d'autres problèmes pour réfléchir à celui de l'automobile particulière et de sa disparition. Et il y en a
certainement beaucoup qui pensent, consciemment ou
non, que l'on se trouve actuellement dans une phase
transitoire, qui sera suivie au moment opportun d'une
« ré-automobilisation ». Il nous semble cependant infini-
ment probable que cette « phase transitoire » durera
plusieurs années et même plusieurs décennies, et que,
longtemps avant qu'il ne soit possible de réintroduire
la voiture privée, Cuba sera entré dans une phase où
celle-ci n'aura plus sa place et ne sera même plus utile.
Naturellement, ceci exigera de nouvelles institutions, de
nouvelles habitudes et, en particulier, l'expansion et
l'amélioration du système de transports en commun ; et

_____

6. Dans notre contribution à « Cinquante années de pouvoir soviétique », Huberman et Sweezy (éd.) (New York et
Londres : Monthly Review Press, 1968, pp. 14-16).

peut-être aussi des stations communales de bicyclettes, établies dans des endroits appropriés.[7]

Un autre aspect du rationnement de l'essence mérite d'être mentionné : il a porté un coup sérieux au marché libre et au marché noir. Auparavant, tous ceux qui avaient une voiture pouvaient se rendre à la campagne et acheter à des agriculteurs privés de l'essence supplémentaire, à des prix, bien entendu, supérieurs à ceux qui étaient fixés par l'Etat. Ce trafic a été, sinon éliminé complètement, du moins réduit, depuis l'institution du rationnement. Nous reviendrons sur ce sujet lorsque nous examinerons le problème du secteur privé.

L'ÉNERGIE ÉLECTRIQUE

Dans son discours du 2 janvier sur le problème des carburants, Fidel avait déclaré que la production d'énergie électrique « est la base fondamentale du développement de tous les pays ». C'est exact. La production d'énergie électrique est un indice général particulièrement important pour apprécier le taux de progression de l'économie. Fidel a donné les chiffres pour chaque année depuis 1958 ; nous avons ajouté une colonne indiquant, pour chaque année, le pourcentage d'augmentation par rapport à l'année précédente (tableau n° 10).

Nous retrouvons ici les mêmes données que pour d'autres produits ou services : un taux de croissance

---

7. Peut-être à cause de sa dépendance passée vis-à-vis des Etats-Unis, et partant, de son habitude d'imiter ce qui s'y faisait, il y a relativement peu de bicyclettes à Cuba et on n'en fabrique aucune. On nous a dit que l'usage courant de ce véhicule n'était pratiqué que dans la ville de Cardenas. Personne n'a paru capable d'expliquer les causes de cette exception. En les harcelant de questions, la plupart des personnalités officielles à qui nous avons parlé, finissaient par convenir que le développement de la bicyclette faciliterait la solution du problème des transports, mais il était évident qu'aucun d'eux n'avaient sérieusement songé à cette question.

TABLEAU X

Production d'énergie électrique, 1958-1967

année	millions de kw/heure	pourcentage d'augmentation par rapport à l'année précédente
1958	1 795	—
1959	1 993	11,1
1960	2 145	7,6
1961	2 237	4,3
1962	2 258	0,9
1963	2 344	3,8
1964	2 494	6,4
1965	2 592	3,9
1966	2 813	8,5
1967	3 019	7,3

élevé au cours des deux premières années, suivi d'un net ralentissement. Puis une nouvelle augmentation et une stabilisation relative après l'adoption de la nouvelle stratégie de développement et les réformes organisationnelles de 1963-1964. En tout, l'augmentation de la production d'énergie électrique, qui est de 68 % de 1957 à 1967, n'est pas particulièrement élevée, pour un pays en voie de développement. Mais lorsque plusieurs projets importants (pour Cuba), actuellement en cours de réalisation, seront achevés dans le second semestre de 1968 et en 1969, la production fera un considérable bond en avant.

LE NICKEL

Dans le chapitre II, nous avons parlé de nos visites aux usines de nickel de Nicaro et de Moa, sur la côte nord de la province d'Oriente. Situées en plein milieu de ce que les Cubains considèrent comme les plus

grosses réserves de minerai de nickel du monde,[8] ces
deux usines ont été construites par des compagnies américaines, qui en étaient propriétaires. A Nicaro, la technologie est traditionnelle, mais à Moa, elle est complexe
et très moderne ; et comme l'usine n'était pas terminée
à l'avènement du pouvoir révolutionnaire, les Américains pensaient que les Cubains ne seraient pas capables d'en venir à bout. Ils ont fait, et continuent de
faire, tout ce qu'ils peuvent pour les empêcher de
l'exploiter.

A Moa, on nous a raconté une histoire édifiante :
celle de la tentative faite il y a quelques années
d'acheter aux Etats-Unis une pièce de rechange essentielle, en métal très résistant à la chaleur et garnie
d'une céramique spéciale. L'intermédiaire qui se char-
gea d'effectuer l'achat n'était pas suspect aux yeux des
Américains. Lorsque la pièce parvint à l'usine de Moa,
les ingénieurs cubains se réjouirent. Elle semblait par-
faite. La longueur, le diamètre, tout était correct. Mais
quand ils essayèrent de l'utiliser, elle ne fonctionna
pas. La céramique n'avait pas la qualité requise. Cet
incident révéla la rigueur du blocus. Lorsqu'ils reçu-
rent la commande, les dirigeants de la « Freeport Sulphur », qui avaient conçu et construit l'usine de Moa,
comprirent que la pièce de rechange ne pouvait être
destinée à aucune autre usine dans le monde. Ils exé-
cutèrent donc la commande au prix normal, mais garni-
rent le tube de métal avec une céramique qui ne
convenait pas, et les Cubains ne purent se servir de
la pièce.

Comme l'absence de cette seule pièce menaçait d'ar-

---

8. Le minerai se présente sous forme d'une terre rouge,
profonde, qui est ramassée par de puissantes pelles mécaniques.
Il a une haute teneur en fer (40 à 50 %). Plus tard, lorsque
la technologie du raffinage aura été perfectionnée et que les
capitaux nécessaires seront disponibles, ce minerai pourra servir de base à la création d'une industrie nationale du fer et
de l'acier.

rêter toute la production à l'usine de Moa, les Cubains demandèrent l'aide urgente des pays socialistes. Deux équipes de chercheurs, l'une tchécoslovaque, l'autre soviétique, furent chargées de découvrir la formule d'une pièce de rechange utilisable. Tous deux trouvèrent la solution, les Tchèques les premiers, les Russes un mois plus tard.

Mais c'est surtout grâce à leur propre ingéniosité que les Cubains réussirent à maintenir la production de nickel et finalement à maîtriser complètement la technique avancée de l'usine de Moa. José Alemany, le jeune directeur de Moa, qui a sans doute contribué plus que quiconque à ce succès, nous a dit que la grande majorité des pièces de rechange étaient maintenant fabriquées dans les ateliers mêmes de l'usine. Les autres doivent encore être achetées dans les pays socialistes.

Les statistiques de la production de nickel que nous donnons dans le tableau n° 11 sont celles qui ont été communiquées par Fidel dans son discours du 2 janvier. Nous y avons ajouté, en pourcentages, les changements intervenus par rapport à l'année précédente.

TABLEAU XI
La production de nickel

année	tonnes	changements en pourcentages par rapport à l'année précédente
1958	18 000	—
1959	17 880	— 0,1
1960	14 520	— 18,8
1961	18 120	+ 24,8
1962	24 900	+ 37,4
1963	21 630	— 13,1
1964	24 060	+ 11,2
1965	29 134	+ 21,1
1966	27 854	— 4,4
1967	34 900	+ 25,3

Comme on le voit, il y a eu presque autant d'années de recul que d'années de progression. Et en septembre 1967, un tournant décisif fut atteint à Nicaro. Pour la première fois, la production mensuelle (1 970 tonnes) dépassa le chiffre record (1 912 tonnes) établi en 1957, lorsque les Américains contrôlaient encore l'usine.[9]

Cuba peut vendre autant de nickel qu'il en produit et ce métal occupe maintenant la deuxième place dans les exportations, derrière le sucre et devant le tabac. Les plus gros clients sont l'Union Soviétique, la Tchécoslovaquie et la Chine. Mais la France et quelques autres pays capitalistes sont également acheteurs.

Tout cela cause de grands soucis à Washington qui, comme l'a souligné le président Dorticos, « est aussi préoccupé du nickel que de la guerre du Vietnam ». Les Etats-Unis ont décidé de n'importer aucun acier contenant du nickel cubain ; et ils emploient tous les moyens possibles pour saboter les ventes. Mais ces efforts ont été vains et l'on peut même dire qu'à long terme, ils se sont retournés contre les Etats-Unis. En maîtrisant son industrie du nickel et en déjouant le blocus, Cuba a remporté une victoire qui n'a pas eu que des conséquences économiques. Elle a acquis une précieuse expérience, et, fait plus important encore, un sentiment de confiance en soi qui aura une grande influence sur les progrès à venir.

L'ÉLEVAGE

Comme nous l'avons souligné dans le chapitre précédent, la nouvelle stratégie de développement adoptée en 1963-1964 a donné à l'élevage une importance presque égale à celle du sucre. Les résultats en ce domaine

---

9. « Granma », 23 juin 1968.

ont été tout à fait remarquables, bien qu'ils n'aient jusqu'ici que peu profité aux consommateurs. L'objectif principal était d'accroître le cheptel national, ce qui nécessitait une politique persistante de limitation de l'abattage. C'est pourquoi les quantités de viande livrées au marché intérieur n'ont pas augmenté sensiblement. Selon les chiffres donnés par Fidel dans son discours du 2 janvier, le nombre de têtes, qui s'élevait à 5 776 000 en 1961, est passé à 7 146 800 en 1967, soit une augmentation de 24 %.

Tâche encore plus importante, il fallait améliorer la qualité du bétail. Depuis toujours, la plus grande partie du troupeau cubain était composée de zébus. Cette race, puissante et bien adaptée au climat, était, par contre, mauvaise productrice de viande et de lait (Fidel, dans son discours du 2 janvier, les avait qualifiés d'« animaux hargneux et coléreux »). Pour résoudre le problème, on importa plus de 10 000 taureaux de pure race et un vaste programme d'insémination artificielle fut mis en œuvre dans tout le pays. Avant 1959, il n'y avait à Cuba aucun spécialiste de l'insémination artificielle. Il y en a aujourd'hui plus de 3 000 (selon le discours de Fidel du 13 mars).

Nous avons visité le principal centre d'insémination artificielle, dans les environs de La Havane. Nous y avons vu les plus beaux spécimens de taureaux, dont un Holstein géant, venu du Canada, baptisé « Velours noir », qui était à ce moment-là, paraît-il, le favori de Fidel. La plupart des lecteurs, qui sont sans doute aussi ignorants de la technique que nous l'étions, trouveront instructive cette petite digression. On stimule l'appétit des taureaux et leur aptitude à remplir leurs fonctions, en les attachant à des poteaux et en faisant défiler devant eux un certain nombre de vaches que l'on considère comme les plus « attrayantes ». On amène ensuite les taureaux jusqu'à un coffre recouvert d'une peau de vache. Ce dispositif n'est pas très astucieux, mais il paraît suffisant pour tromper le taureau excité, qui monte le mannequin avec ardeur. En dessous, il y a un technicien de l'insémination, muni d'un vagin artificiel en caoutchouc, amené à la température voulue par un manchon rempli d'eau chaude. A l'extrémité du vagin en caoutchouc, un tube recueille le sperme lorsque se produit l'éjaculation. Le sperme est alors emporté au laboratoire, où il est déposé, au moyen d'un compte-gouttes médical, dans des rangées de petites cavités pratiquées dans une sorte de pain de glace. Au contact du froid, le sperme se solidifie en petites tablettes, de la dimension d'environ un demi-cachet d'aspirine. Ces tablettes sont alors placées dans des éprouvettes longues et étroites, qui sont immergées dans des réservoirs, grands comme des boîtes de lait en poudre, contenant du nitrogène liquide. Dans ce milieu, extrêmement froid, le sperme peut se conserver indéfiniment. Pour être utilisable, les tablettes sont dissoutes dans une solution à température normale (15,5 degrés centigrades). Les spermatozoïdes reprennent alors immédiatement leur pleine activité. Observer au microscope ce processus est un spectacle fascinant. Nous apprîmes avec étonnement que le centre d'insémination possédait encore de la semence congelée de Rosafé Signet, qui fut, avant sa mort, le taureau le plus réputé de Cuba. Ainsi, Rosafé Signet continue de jouer son rôle dans l'amélioration génétique du cheptel cubain. Nous n'eûmes pas l'occasion d'observer le deuxième cycle de l'opération — la fécondation de la vache — mais on nous indiqua que pour obtenir un pourcentage élevé de réussites, il était nécessaire que les spécialistes de l'insémination soient hautement qualifiés et aient acquis une grande expérience. Des centres d'insémination ont été installés à travers le pays dans des endroits appropriés. Les techniciens qui y travaillent fournissent leurs services gratuitement aussi bien pour les éleveurs privés que pour les Fermes d'Etat.

Les dirigeants cubains sont extrêmement optimistes. Ils attendent de grands résultats de ce programme ambitieux d'amélioration génétique. Fidel a déclaré dans son discours du 2 janvier qu'au cours des 36 prochains mois — c'est-à-dire les trois années 1968-1970 — un demi-million de vaches F.I. (première génération croisée du zébu et du Holstein) commenceraient à produire du lait. Dans des conditions particulièrement favorables, certaines de ces F.I. ont déjà des rendements de 20 à 30 litres de lait par jour, et même davantage,[10] mais ceux-ci sont certainement très au-dessus de la moyenne générale escomptée pour l'ensemble de l'île. Une personne bien informée nous a dit qu'une production journalière moyenne de huit litres constituerait, pour ces vaches, un rendement raisonnable et sûr. Cela signifie qu'en 1970, la production de lait aura augmenté de plus de 1,2 milliard de litres par an.

On peut se rendre compte du progrès que cela représentera : en 1967, le total des achats de lait effectués par les services de ramassage d'Etat n'a été que de 324 millions de litres.[11]

Comme pour tant de choses à Cuba, toutefois, ces perspectives roses contrastent durement avec la sombre réalité d'aujourd'hui. Les nouvelles vaches ne donnent pas encore une quantité importante de lait, et la dure sécheresse de 1967-1968 a provoqué une diminution radicale de la production des anciennes (à cause de son effet désastreux sur le rendement des prairies naturelles et artificielles, qui restent la principale source de l'alimentation du bétail cubain). Lorsque nous étions

---

10. « Rosafé Signet : La réalisation d'un programme laitier », « Granma », 16 juin 1968.

11. Selon le discours de Fidel du 13 mars. Le ramassage n'englobe évidemment pas l'ensemble de la production, car une partie du lait est consommée à la ferme ou vendue par les paysans sur le marché libre. Cependant, on peut être assuré que si la production augmentait de 1,2 milliard de litres, la plus grande partie de ce lait serait vendue à l'Etat.

à Cuba (février-mars 1968), la ration de lait avait été supprimée pour tout le monde, à l'exception des enfants de moins de sept ans et des personnes âgées de plus de 65 ans. Et le mois suivant, la situation empira encore. Dans son discours du 1er mai, à Camagüey, Raoul Castro donna les statistiques pour cette province. Elles montrent clairement l'acuité de la crise (tableau n° 12).

TABLEAU XII

Achats quotidiens de lait par l'agence de ramassage de l'Etat
Province de Camagüey

1er	mars	126 000	kilogrammes
31	mars	124 000	»
10	avril	114 534	»
29	avril	90 387	»

Avec la fin de la sécheresse, en mai, la situation commença à s'améliorer. Lorsque les nouvelles vaches entreront dans le cycle de la production, celle-ci s'améliorera d'une manière constante. C'est en cela que réside l'espoir.

TERRES CULTIVÉES

L'une des tares les plus évidentes et les moins excusables de Cuba, avant la Révolution, était la contradiction entre, d'une part, l'énorme superficie des terres non cultivées et, d'autre part, la désespérante pauvreté des masses, dont une grande partie était vouée au chômage chronique. Dans ces conditions, il n'est pas surprenant que, dès le moment où il prit le pouvoir, le gouvernement révolutionnaire se soit passionnément consacré à la mise en culture de nouvelles terres. Des bull-dozers, des tracteurs et même des tanks ont été utilisés pour défricher des milliers de kilomètres carrés de broussailles et de *marabu*. En 1958, selon le discours de Fidel du 2 janvier, il y avait 2 379 103 hectares de terres cultivées. En 1967, il y en avait 3 711 800, soit une augmentation de 56 %. Et aujourd'hui encore, une importante brigade, militarisée et hautement mécanisée, que l'on appelle la « Brigade Che Guevara des Pionniers », travaille durement pour gagner de nouveaux milliers d'hectares. Les exploits des défricheurs sont par eux-mêmes impressionnants. Mais la question de savoir si leur travail a toujours constitué l'utilisation la plus sage des ressources disponibles est une autre affaire.[12]

LES ŒUFS

Le développement de la production des œufs a été sans aucun doute le plus spectaculaire succès économique de la Révolution cubaine. Etant donné que c'est dans ce domaine que l'on a inauguré les nouveaux principes d'organisation de 1963-1964, et qu'ont été obtenus les meilleurs résultats, il nous paraît utile de citer largement la description faite par Michel Gutelman de ce qui est arrivé :

« Le combinat producteur d'œufs est en quelque sorte une anticipation. Il est à la fois le produit de l'intuition qui allait donner naissance aux nouveaux principes d'organisation et précède la formulation claire de ces principes. Organisé en 1963 sur l'initiative personnelle du Premier Ministre, Fidel Castro, il allait permettre de tirer de nombreux enseignements.

Jusqu'à 1963, la production d'œufs était aux mains de multiples Fermes d'Etat ; elle ne constituait pour celles-ci qu'une activité parmi d'autres. Cette dispersion, combinée avec le faible pouvoir dont disposaient les unités de production, entraînait une production et une productivité faibles. Il existait de véritables « fabriques » d'œufs, mais l'absence de coordination avec les

---

12. Voir plus loin, pp. 181-184.

autres sphères de l'économie était la source de déficiences nombreuses. Les fournitures matérielles étaient soumises aux fluctuations du commerce extérieur : les caractéristiques techniques de l'alimentation importée n'étaient pas respectées suffisamment. Quelquefois, les éléments minéraux faisaient défaut ; parfois les vitamines ou les céréales. (Le problème étant moins celui des devises disponibles que celui de leur utilisation rationnelle.) La distribution était particulièrement désorganisée : elle s'effectuait par à-coups et souffrait des mêmes maux que ceux qui affectaient le ministère du Commerce intérieur et l'organisation des transports.

La création d'un combinat, intégrant toutes les unités de production d'œufs — à quelques fermes qu'ils appartinssent — le conditionnement, la commercialisation intérieure, le commerce extérieur de ce produit changèrent en très peu de temps les conditions de production et d'approvisionnement. On peut même dire que le succès fut très spectaculaire. En janvier 1964, la production d'œufs se montait à 13 millions d'unités. En janvier 1965, elle atteignait 60 millions ; en 1966, elle a dépassé fréquemment 90 millions par mois. Dans les périodes de forte ponte, on atteint des productions dépassant les 120 millions par mois. Non seulement la production a augmenté, mais la qualité de la présentation (par étuis de six pièces) s'est considérablement améliorée et atteint les normes internationales. Les coûts de production unitaire ont baissé de près de 30 %. Un tel succès a permis de supprimer en l'espace d'un an le rationnement et, même, d'exporter en période de pointe. Pour la première fois, en 1965, Cuba vendit des œufs à l'Italie...

LES TRACTEURS

Le nombre de tracteurs utilisés dans l'agriculture

---

13. Gutelman, op. cit., pp. 133-134.

(tous importés, naturellement) est passé de 9 200 en 1960 à 35 000 en 1967 (selon le discours de Fidel du 2 janvier). Cet accroissement considérable a été un facteur important des succès qui ont été remportés dans le domaine de l'agriculture. Il a aussi contribué, comme nous le verrons, à créer quelques difficultés.

PRODUITS DIVERS

Plutôt que de donner ici un récital de statistiques relatives à chaque produit, nous conclurons cette partie de notre description des réalisations économiques de la Révolution cubaine en reproduisant partiellement un tableau intitulé : *Cuba, quelques productions industrielles,* présenté dans un document préparé en vue d'une conférence qui s'est tenue en 1967 sous l'égide des Nations Unies.[14] (Tableau n° 13.)

TABLEAU XIII
Production de diverses marchandises

Produits	Unité		1963	1966
Chaussures de cuir	millions de paires		11,8	12,6
Détergents	milliers de tonnes		12,9	14,3
Bière	millions de litres		89,3	99,2
Huile végétale raffinée	milliers de tonnes		32,1	45,8
Lait en poudre	»	»	49,4	61,3
Lait naturel et pasteurisé	»	»	147,1	325,1
Beurre	»	»	2,2	2,7
Pain et biscuits	»	»	153,5	376,1
Farines	»	»	22,3	33,9
Cigarettes	millions d'unités		15,3	18,4
Tissus ou articles en coton	millions de m2		60,4	92

14. « Développement industriel à Cuba : rapport présenté au Symposium International sur le Développement industriel par la délégation cubaine ». 1967 (ronéotypé).

Il s'agit d'articles de grande consommation. L'augmentation moyenne, en trois ans, est de 45 %.

Ces résultats paraissent très bons, et d'une certaine façon, ils le sont. Mais d'un autre côté, il ne faudrait pas que leur interprétation conduise à l'illusion selon laquelle les besoins des consommateurs sont près d'être comblés. Tout d'abord, bien que nous n'ayons pas de statistiques semblables pour les années suivantes, il y a de bonnes raisons de penser que depuis 1966 la consommation a été réduite au profit des exportations et des investissements. Presque tous ceux à qui nous avons parlé ont reconnu que la pénurie était devenue pire que l'année précédente. Et Fidel déclara, avec une grande franchise, dans son discours du 2 janvier, que 1968 pourrait « être considérée comme une des années les plus dures de la Révolution ». Mis à part les effets de la sécheresse — qui n'ont nullement été limités au sucre et à l'élevage — une partie importante de l'explication a été fournie par Fidel dans son discours du 13 mars, lorsqu'il a donné les chiffres des investissements d'Etat. En 1967, a-t-il dit, le chiffre total a été de 979 millions de pesos (officiellement, un peso =-un dollar), soit 27,1 % du « produit national brut disponible ». C'était déjà, sous tous les rapports, un pourcentage très élevé. Mais les estimations se sont élevées pour 1968 à 1 240 millions de pesos, soit une augmentation de 26,7 % par rapport à l'année précédente, et 31 % du produit national brut attendu ![15] « Nous pensons, a-t-il ajouté, qu'aucun autre pays sous-développé ne fait actuellement un effort comparable, même de loin. » Cela est très vrai ; et comme ce qui est investi ne peut être consommé, on peut comprendre les raisons de l'extrême austérité des conditions de vie à Cuba, qui sont si

---

15. Fidel a donné aussi les statistiques suivantes sur les investissements au cours des années précédentes (toutes en millions de pesos) : 1962 : 607,6 ; 1963 : 716,8 ; 1964 : 794,9 ; 1965 ; 827,1 ; 1966 ; 909,8.

abondamment commentées par tous les visiteurs étrangers.

Cependant, avant de quitter ce sujet, nous devons souligner que l'austérité cubaine ne ressemble en rien à celle qui règne dans les pays sous-développés du « monde libre ». Là, le fardeau de l'austérité est supporté par les ouvriers, les paysans, les chômeurs, etc., dont les revenus sont extrêmement bas, voire inexistants, et qui constituent généralement de 75 à 90 % de la population. Les classes moyennes vivent dans un confort relatif et les oligarchies dirigeantes, dans un luxe outrancier. Les boutiques ne regorgent de marchandises que parce que le système des prix et des revenus empêche les grandes masses d'acheter ce qu'elles contiennent. Il apparaît donc à l'observateur superficiel que la pénurie n'existe pas ; mais pour la majorité du peuple, il n'existe rien d'autre que la pénurie. Comme avait raison le jeune Cubain qui a dit à José Iglésias : « Si tout le monde à Mexico pouvait se payer une paire de chaussures, combien pensez-vous qu'il en resterait dans les boutiques ? »[16]

Le fait important est qu'à Cuba tout le monde *peut* se payer une paire de chaussures et qu'il n'y en a jamais aucune à vendre dans les magasins. Et il en est de même pour presque tous les autres articles de consommation courante. L'explication est double : premièrement, le salaire minimum, à Cuba, est de 85 pesos par mois, et une grande partie des travailleurs gagnent deux ou trois fois plus. Il faut ajouter que l'on manque de main-d'œuvre et que toute personne valide peut trouver du travail. Dans de nombreuses familles, il y a deux ou même plusieurs salariés. Deuxièmement, les loyers sont en général très bas. L'éducation, la médecine et plusieurs autres services publics sont gratuits. Les

---

16. José Yglésias : « Dans le poing de la Révolution ». (New York : Panthéon Books, Inc., 1968), p. 102.

marchandises rationnées sont bon marché. Le résultat de tout cela, c'est un volume considérable de pouvoir d'achat en face d'une quantité très limitée de marchandises. Dans ces conditions, la pénurie, qui est cachée dans les autres pays, se manifeste aux yeux de tous. De plus, elle affecte l'ensemble de la population, y compris les classes moyennes et les hauts fonctionnaires qui, dans les autres pays, sont privilégiés. En d'autres termes, *tout le monde* souffre de la rareté des marchandises et ceci donne parfois l'impression que les conditions de vie sont pires qu'elles ne le sont dans la réalité.

Car, en vérité, la pénurie qui frappe tous les Cubains n'est pas aussi cruelle que celle dont pâtissent la grande majorité des Latino-Américains. Sur ce point, et aussi sur les moyens que le gouvernement révolutionnaire compte prendre pour surmonter la pénurie, le rapport sur le développement industriel que nous avons déjà cité contient des indications précises et instructives. Analysant ce qu'il appelle « le déséquilibre entre l'offre et la demande de biens de consommation », le rapport déclare :

« Le fondement de ce déséquilibre est... le rapide accroissement du niveau des revenus de la majorité de la population et le manque de possibilités de satisfaire la demande accrue grâce à un développement accéléré de la production nationale.

« Le résultat a été la nécessité d'établir un rationnement de formes et de degrés divers.

« Il est certain que le niveau de disponibilité des marchandises, dans les catégories rationnées, est plus élevé que la consommation moyenne dans la majorité des pays latino-américains et beaucoup plus élevé encore en ce qui concerne les populations ouvrières et paysannes de ces pays. Mais cette comparaison n'est pas suffisante pour une révolution qui a des objectifs socialistes. Il n'est pas dans nos intentions d'éliminer ce déséquilibre en agissant sur les prix de détail.

« La seule issue acceptable — et c'est la voie qu'a choisie la Révolution cubaine — est l'accroissement le plus rapide possible de la quantité de marchandises, jusqu'à ce que celle-ci atteigne le niveau des revenus de la population, et, finalement, une amélioration constante des conditions de vie. »[17]

La plupart des problèmes que nous allons examiner dans les chapitres suivants concernent précisément les voies et les moyens de la réalisation de ces objectifs.

---

17.   « Développement industriel à Cuba », op. cit., pp. 28-29.

CHAPITRE VII

LE SECTEUR PRIVE

Lorsque la Révolution arriva au pouvoir, le secteur privé englobait pratiquement toute l'économie cubaine. Ses dimensions ont été progressivement réduites et, parallèlement, le secteur nationalisé s'est étendu au cours d'étapes successives que nous nous contenterons, pour le moment, de résumer brièvement.

RESTITUTION DES BIENS MAL ACQUIS

Sous le règne de Batista, le dictateur et ses séïdes avaient réalisé des fortunes considérables par la violence, la fraude et la corruption. Leurs richesses se composaient en partie de comptes dans les banques étrangères et d'autres avoirs que le gouvernement révolutionnaire ne pouvait saisir. Mais ils possédaient aussi à Cuba des propriétés immobilières, des usines, etc., et celles-ci, le gouvernement les confisqua. De la même façon, les biens des émigrés furent saisis. Ce processus commença avec la victoire de la Révolution. Il s'est poursuivi depuis lors. De cette façon, le gouvernement a acquis la plupart des immeubles qui appartenaient à l'ancienne classe dominante (ils ont été pour l'essentiel mis à la disposition des étudiants boursiers).

LA PREMIÈRE RÉFORME AGRAIRE

La loi de Réforme Agraire du 17 mai 1959 posa

les fondements des deux secteurs de l'agriculture, le secteur privé et le secteur nationalisé, tels que nous les connaissons aujourd'hui. En dehors de quelques exceptions, au-delà de 30 *caballerias* (environ 400 hectares), toutes les propriétés terriennes furent confisquées. Une partie de la terre ainsi rendue disponible fut distribuée gratuitement à des fermiers, des métayers et quelques ouvriers agricoles ; ces petits agriculteurs, organisés dans la *Asociacion Nacional de Pequeños Agricultorès* (A.N.A.P.), constituent l'armature de l'actuel secteur privé de l'agriculture. L'intention première était de faire cultiver le reste des terres confisquées par des coopératives. Mais cette idée de coopératives ne prit jamais forme et on établit, en fait, des Fermes d'Etat.

Il est impossible de donner des statistiques quantitatives précises sur les effets de la Réforme Agraire de 1959, parce que sa mise en œuvre alla de pair avec deux autres mesures qui affectèrent également le caractère de la propriété terrienne. La première fut la loi du 6 juillet 1960, riposte à l'abolition par les Etats-Unis des quotas d'importation du sucre : tout ce qui appartenait à des Américains, tant dans l'agriculture que dans les autres branches de l'économie, fut saisi. La seconde loi fut celle du 13 octobre 1960 qui nationalisa toutes les grandes entreprises privées, y compris les moulins à canne à sucre et les plantations de canne appartenant à des personnes privées ou des sociétés cubaines. Lorsque toutes ces décisions furent réalisées, le secteur privé agricole avait les structures indiquées par le tableau n° 14.

LA SECONDE RÉFORME AGRAIRE

Comme le montre le tableau n° 14, même après toutes les réformes de 1959-1960, l'agriculture cubaine était encore caractérisée par une répartition inégale des terres, d'une manière assez marquée. Des fermes rela-

TABLEAU XIV

Le secteur privé en 1961

Dimension des fermes	Nombre de fermes	milliers d'hectares
jusqu'à 67 hectares	154 703	2 348,1
67 à 134 hectares	6 062	606,5
134 à 268 hectares	3 105	610,3
268 à 402 hectares	1 457	507,6
plus de 402 hectares	592	377,5
TOTAL	165 919	4 451,0

Source : « Panorama Economica Latinoaméricano, » n° 221, La Havane, 1967.

tivement grandes — plus de 67 hectares — soit 7 % du total, englobaient 47 % de la terre appartenant à des agriculteurs privés. Et comme le secteur privé comprenait 56 % des surfaces cultivées,[1] plus du quart du pays se trouvait entre les mains d'une petite couche de gros fermiers — quelque 11 000 en tout — qui ne représentaient, avec leurs familles, que moins de 1 % de la population totale de l'île.

Il s'agissait d'une bourgeoisie rurale au plein sens du terme. Comme on s'y attendait, elle se montra dans sa grande majorité hostile à la Révolution. Cette hostilité se manifesta de diverses façons : diffusions de rumeurs pessimistes dans les campagnes, sabotage direct de la production ou épuisement systématique des terres avant l'émigration. Mais surtout, la bourgeoisie rurale fournissait une base sociale aux bandes armées contre-révolutionnaires recrutées principalement parmi les exilés et équipées par la C.I.A. Les montagnes d'Escambray, dans le sud de la province de Las Villas, furent

---

1. Gutelman, op. cit., p. 58.

le théâtre de durs combats au début des années soixante et une nouvelle invasion du type de celle de la « baie des Cochons », menée éventuellement avec des forces plus nombreuses, restait toujours dans le domaine des possibilités. Dans ces conditions, le gouvernement révolutionnaire, suivant sa tactique bien établie qui consiste à devancer l'ennemi en prenant soi-même l'offensive, décida de liquider la bourgeoisie rurale contre-révolutionnaire. Une seconde Réforme Agraire, le 13 octobre 1963, confisqua toutes les fermes de plus de 67 hectares — à la suite de cela, selon les statistiques fournies par Gutelman, le secteur privé représentait quelque 3,6 millions d'hectares (39 % du total) et le secteur nationalisé 5,5 millions d'hectares (61 %).[2]

LE RÔLE DU SECTEUR PRIVÉ EN AGRICULTURE

Depuis 1963, on a assisté à une modification lente et progressive de l'équilibre entre les secteurs privé et nationalisé au profit de ce dernier. Selon un document cubain présenté à la conférence de la F.A.O., à Rome, en 1967, la répartition des terres entre les deux secteurs était en 1966 la suivante : secteur d'Etat : 65 % ; secteur privé : 35 %.[3] Ce dernier comprenait environ 200 000 unités de production, dont la dimension allait jusqu'à 67 hectares. Classées en fonction de leurs principaux produits, ces fermes privées se répartissent comme l'indique le tableau n° 15.

---

2. Ibid., p. 58. Gutelman note que les raisons « fondamentales et officielles » de la Seconde Réforme Agraire étaient de nature politique, mais que néanmoins, la mesure « a sans doute eu pour cause des raisons purement techniques en ce sens qu'elle permet un remembrement des unités de l'Etat jusqu'alors très dispersées et déchiquetées ».

3. « Production Agricole et Cheptel à Cuba, 1965-1967 », p. 154. Les matériaux que nous publions ici et les deux paragraphes ci-dessous proviennent de cette source (pp. 154-155).

TABLEAU XV

Production des fermes privées (en pourcentages)

Tabac	17,6
Canne à sucre	17,1
Bétail	16,1
Légumes à racines comestibles	15,4
Café	13,9
Céréales	10,5
Divers	9,4
TOTAL	100

Source : voir note 3.

Comme nous le voyons, le secteur privé n'est nullement spécialisé dans une ou plusieurs cultures, mais joue un rôle dans toutes les principales branches de l'agriculture cubaine. Son importance par rapport à l'ensemble de l'économie agricole peut se mesurer au pourcentage des achats effectués par les organismes d'approvisionnement de l'Etat, pour chacun des principaux produits de la terre, dans les fermes privées (tableau n° 16).

Depuis 1965, ces pourcentages ont eu tendance à diminuer, à cause du lent rétrécissement du secteur privé et parce que le principal effort d'investissement en agriculture a porté et continue de porter sur le secteur nationalisé. Néanmoins, l'importance du secteur privé dans l'ensemble de l'économie est beaucoup plus grande que ne l'indiquent les statistiques sur les achats effectués par les organismes d'approvisionnement de l'Etat. En effet, une part assez grande, quoiqu'on n'en fasse pas mention, de la production des fermes privées, est consommée directement par les agriculteurs et leurs familles, ou bien vendue sur le marché libre. (On nous a dit que pour certains produits, le secteur privé ne vendait guère plus de 30 % de la récolte à l'Etat.)

TABLEAU XVI

Pourcentage des achats effectués par l'Etat
en 1966 dans les fermes privées

Toutes cultures (a)	36
Sucre	32
Viande	20
Lait	40
Racines (b)	58
Primeurs (c)	69
Fruits	69
Café	83
Tabac	90
Cacao	95

a) 1965.
b) Bananes des Antilles comprises.
c) Potirons compris.
Source : voir note 3.

CONTRADICTIONS INHÉRENTES AU SECTEUR PRIVÉ

Il n'y a aucun doute qu'avec le prolétariat urbain et rural, la petite paysannerie du secteur privé a été, dès le début, un des indispensables piliers de la Révolution. La liquidation de la bourgeoisie rurale, au moyen de la seconde réforme agraire, a été relativement facile parce qu'elle a eu le soutien des petits paysans. L'absence presque totale d'activités contre-révolutionnaires à la campagne depuis 1963 doit être attribuée à ce même fait essentiel. Personne ne sait mieux que Fidel Castro qu'un mécontentement sérieux parmi la petite paysannerie romprait l'alliance de classe qui a donné jusqu'à maintenant au régime révolutionnaire sa stabilité et sa force inébranlables. Et personne n'a employé un langage plus explicite et sans équivoque pour assurer à plusieurs reprises aux petits paysans que la seconde Réforme Agraire était la dernière et que désormais leur statut serait pleinement garanti et respecté.

A ce moment, il définit la politique du gouvernement révolutionnaire dans les termes suivants : « Nous pouvons affirmer d'une manière catégorique que les petits propriétaires cultiveront leurs terres comme bon leur semblera, soit comme fermiers individuels, soit comme membres individuels des coopératives de Crédit et d'Achat, soit comme membres des Sociétés Agricoles, au gré de leurs préférences. »[4] Au cours des années suivantes, le même engagement a été répété en de nombreuses occasions et sous des formes multiples. Il n'est probablement pas exagéré de dire que dans aucun domaine la politique du gouvernement révolutionnaire n'a été plus fermement établie.

Facteur de stabilité dans le domaine politique, l'existence du secteur privé comporte également d'importants avantages économiques immédiats. Non seulement les petits paysans produisent une grande partie de leur nourriture, mais ils fournissent, grâce à leurs ventes sur le marché libre, un supplément appréciable aux marchandises livrées à la consommation par les organismes d'Etat. Nous reviendrons sur le problème de l'état actuel du marché libre. Notons seulement pour le moment que nous avons rassemblé suffisamment de preuves pour nous convaincre qu'en moyenne, dans l'ensemble du pays, la situation alimentaire est bien meilleure que l'on pourrait le penser en lisant les statistiques officielles ou en écoutant les gens que l'on rencontre à La Havane. Non seulement dans les régions rurales, mais aussi dans les petites villes et même dans les capitales provinciales, les consommateurs peuvent acheter directement aux paysans individuels et ils utilisent largement cette possibilité. C'est peut-être la raison essentielle pour laquelle le mécontentement est principalement localisé dans la capitale (autre sujet sur lequel nous reviendrons en temps voulu).

---

4. Ibid., p. 153.

Les aspects positifs de l'existence d'un secteur privé dans l'agriculture sont les suivants :

1. Le petit paysan, qui doit pratiquement tout ce qu'il a à la Révolution, demeure un partisan dévoué du régime révolutionnaire dans la mesure où celui-ci continue à soutenir ses intérêts.

2. La production du secteur privé fournit non seulement une part importante des approvisionnements agricoles de l'Etat, mais aussi, grâce à l'auto-consommation et au marché libre, un supplément appréciable à ce que les consommateurs peuvent acheter aux organismes officiels de distribution. Mais il y a aussi des aspects négatifs qu'à notre avis — et c'est aussi celui, pensons-nous, des dirigeants cubains — un pays socialiste ne peut négliger sans danger. L'un d'entre eux, le retard technique inhérent à la petite agriculture, est universellement reconnu. Il a été souvent souligné par les Cubains [5] et ne requiert ici aucun commentaire.

Le second aspect négatif est moins généralement reconnu. On en parle beaucoup moins, mais, à notre avis, il n'est pas moins important que le premier. Nous voulons parler de l'effet corrupteur et corrosif, à la fois socialement et moralement, de l'entreprise privée en tant que telle. Les petits paysans soutiennent la Révolution parce qu'elle leur a procuré de grands avantages, mais il ne s'ensuit pas qu'ils soient des révolutionnaires, ni qu'en tant que classe, ils puissent jamais devenir des révolutionnaires. Au contraire, ils sont des petits bourgeois, avec tous les traits de caractère et la façon de penser de la petite bourgeoisie : intérêt pour l'argent et l'économie de marché, égoïsme, cupidité, esprit de clocher, bas niveau culturel, cynisme. Et la situation objec-

---

5. Voyez, par exemple, le discours prononcé par Fidel le 6 janvier 1968, pour l'inauguration d'un village nouvellement construit dans la « Ceinture Verte » de La Havane. Ce discours contient une analyse claire de la solution à long terme envisagée par le gouvernement pour le problème des petits paysans. Nous le citons longuement plus loin, pp. 132-135.

tive à Cuba est telle que non seulement ils ont la liberté et la possibilité d'agir en conformité avec leur nature (déterminée par leur condition sociale), mais qu'ils peuvent s'enrichir par la même occasion.

Naturellement, quand nous parlons d'« enrichissement », nous ne voulons pas dire qu'ils sont des millionnaires capitalistes, ni qu'ils ne sont pas des petits paysans pauvres. Cependant le terme est approprié, car soixante-sept hectares, c'est une limite déjà élevée. Une ferme de cette dimension serait considérée dans beaucoup de pays comme une entreprise agricole importante. Si l'on ajoute que la plupart des grosses fermes sont situées sur les meilleures terres, on comprendra que beaucoup de « petites » exploitations cubaines ressemblent en fait à ce que nous appellerions aux Etats-Unis des domaines familiaux prospères.

A notre connaissance, il y a très peu de matériaux publiés sur la structure, le fonctionnement, le revenu, etc., du secteur agricole privé, mais nous avons tiré, ça et là, de discussions ou de conversations, diverses informations qui jettent quelque lumière sur le problème. Par exemple :

— Les propriétaires privés disposent seulement de 30 % de la terre de l'île, mais leur part de terres arables (c'est-à-dire de *bonnes* terres) est de 43 %.[6]

— Il n'est pas rare de trouver des agriculteurs privés dont les revenus annuels s'élèvent à dix, quinze ou même vingt mille pesos. A titre de comparaison, indiquons que les membres du gouvernement gagnent 700 pesos par mois (8 400 par an) et que le plafond pour les techniciens et les spécialistes les plus qualifiés de l'industrie est d'environ 10 000 pesos par an. On peut donc dire avec certitude que, de toute la population active, à l'exception peut-être de quelques médecins

6. Ces statistiques ne sont pas strictement conformes à celles qui ont été établies auparavant sur l'importance relative des secteurs privés et nationalisés en agriculture, sans doute parce qu'elles comprennent — à la différence des précédentes — les terres non cultivables.

qui ont encore une clientèle privée, les gens les plus riches de Cuba sont actuellement les agriculteurs privés.

— Le secteur privé emploie, en plus des propriétaires et de leurs familles, près de 60 000 ouvriers. Ceci montre que des rapports capitalistes continuent d'exister à la campagne, à une échelle non négligeable. Nous n'avons pas eu d'informations précises sur le statut des ouvriers agricoles, mais nous avons eu l'impression qu'au moins une partie d'entre eux étaient des employés de Fermes d'Etat qui se faisaient un salaire supplémentaire en travaillant dans le secteur privé. Cette pratique est illégale, mais elle est apparemment tolérée pour des raisons à la fois politiques et économiques (sa suppression exigerait des méthodes policières, elle serait impopulaire à la fois parmi les employeurs et parmi les ouvriers et elle provoquerait des perturbations considérables dans la production).

Comment est-il possible que dans un régime socialiste les paysans individuels, ou à tout le moins une couche de paysans individuels, bénéficient de conditions économiques aussi privilégiées ?

Fondamentalement, la réponse à cette question est que l'Etat a besoin de leur soutien et *désire* qu'ils aient cette situation. Aussi paie-t-il, pour leurs produits, des prix qui sont rémunérateurs pour les fermes les mieux gérées et accepte-t-il d'acheter tout ce qu'ils peuvent produire. Et il permet aux fermes les plus petites et les moins spécialisées de vendre sur le marché libre, à des prix plusieurs fois supérieurs aux prix officiels, leurs légumes, leurs poulets, leurs fruits, leur lait, etc.[7]

---

7. José Yglésias, qui passa plusieurs mois à Mayari, sur la côte nord de la province d'Oriente, au début de 1967, cite les paroles d'un retraité : « Dans les magasins d'Etat, les prix sont restés à peu près au niveau où ils étaient avant la Révolution, mais les campésinos vendent généralement leurs poulets et leurs légumes trois fois plus chers. » (« Dans le poing de la Révolution », p. 139.) Ceci indiquerait une marge encore plus large entre les prix officiels et ceux du marché libre. Nous n'avons aucune possibilité de juger de l'exactitude de cette information.

Que l'on nous comprenne bien : nous ne critiquons pas cette politique du gouvernement révolutionnaire vis-à-vis du secteur privé de l'agriculture. Il ne fait pour nous aucun doute — sauf peut-être quelques détails, que nous ne sommes pas en mesure d'évaluer — qu'elle soit sage et nécessaire. Mais nous pensons aussi qu'il est souhaitable d'en examiner les conséquences, et en particulier de ne pas dissimuler le prix élevé que doit payer une société socialiste pour neutraliser une petite bourgeoisie qu'elle n'est pas en mesure d'affronter et qu'elle ne peut encore absorber dans le système.

Une partie de ce prix à payer est d'ordre économique : le maintien d'un mode de production essentiellement arriéré sur une grande part des meilleures terres du pays. Tant que le secteur d'Etat restera lui-même sous-développé et caractérisé par une médiocre productivité, ceci ne sera peut-être pas trop grave. Ce qui est grave, sans aucun doute, c'est le prix moral et social : l'existence d'un secteur de la population représentant 10 % ou plus de l'ensemble (200 000 propriétaires privés, plus leurs familles et leurs protégés), véhicule permanent de la mentalité et de l'idéologie petites-bourgeoises.

Même ceci n'aurait peut-être pas une très grande importance si cette couche de la population était isolée des autres, vivant sa propre vie et baignant dans son propre jus. Mais naturellement, ce n'est pas le cas en réalité. Il y a des relations étroites et continuelles entre la paysannerie du secteur privé et le reste de la population, dans le cours ordinaire de l'existence sociale et plus spécialement par l'intermédiaire du marché libre. Ainsi, le paysan individuel est, au cœur même de la société socialiste, un générateur d'idées et de valeurs bourgeoises et un foyer d'infection dont peu des autres couches de la société peuvent encore être considérées comme immunisées. Il est extrêmement difficile à un peuple qui a été en proie, pendant des siècles, aux horreurs et à la barbarie de l'exploitation et de la domination de classe, d'apprendre et d'assimiler les nouvelles valeurs et le nouvel état d'esprit sans lesquels il n'y a aucune chance de voir se développer le socialisme et le communisme. Ces difficultés sont plus grandes s'il faut surmonter en même temps tous les effets paralysants du sous-développement colonial. Et c'est encore plus compliqué si une importante partie de la population, à cause de ses liens avec l'ancien mode de production, non seulement ne peut participer au processus de libération, mais au contraire, constitue un obstacle sur cette voie.

Malheureusement et inévitablement, Cuba doit faire face aujourd'hui à tous ces inconvénients.

L'AVENIR DU SECTEUR PRIVÉ EN AGRICULTURE

Les dirigeants révolutionnaires savent aussi bien que quiconque que la seule solution au problème du secteur privé en agriculture est de l'abolir. Mais ils savent aussi que ceci ne peut être réalisé par décret et que le processus sera nécessairement long. En conséquence, ils ont mis au point une stratégie qui, au risque de schématiser, peut être résumée en trois principes : « délimitation » (*containment*), « usure » (*attrition*), et « abondance » (*abundance*). Ces trois principes sont étroitement liés entre eux, surtout les deux derniers, mais ils peuvent très aisément être examinés séparément.

Délimitation (*containment*). Ici, l'objectif principal est de restreindre l'étendue et le caractère avantageux du marché libre le plus possible, sans aller toutefois jusqu'à imposer des contrôles aux activités des paysans. On y parvient principalement en rendant difficile la rencontre entre vendeurs et acheteurs. Le marché libre ne signifie pas, comme c'est le cas en Union Soviétique et dans plusieurs autres pays socialistes, une place où les paysans peuvent apporter, étaler et vendre leurs produits. Ici, les acheteurs doivent rechercher les vendeurs et aucun client n'a le droit d'emporter plus de vingt-cinq livres de marchandises. La principale responsabilité de la fraude retombe ainsi sur le consommateur et non sur le producteur, ce qui est conforme à la politique du gouvernement consistant à ne pas affronter les paysans individuels. Ces transactions sont soumises à certaines autres réglementations, dont l'ensemble définit ce qui est légal et ce qui ne l'est pas.[8] Le marché noir, distinct du marché libre, comprend les transactions qui dépassent les limitations légales, ainsi naturellement que le trafic de marchandises illégalement détournées du secteur d'Etat. Une opération typique de marché noir, par exemple, consisterait pour un particulier à acheter un sac de 100 livres de riz à un paysan individuel.[9]

Ces indications font comprendre pourquoi le rationnement de l'essence a porté un rude coup à la fois au marché libre et au marché noir.[10] Avant le rationnement, il était facile à ceux qui disposaient d'une voiture et qui avaient établi des relations avec un ou plusieurs petits fermiers, de se rendre à volonté à la campagne et de rapporter des denrées alimentaires. Dans la limite de 25 livres à chaque voyage, ils restaient dans la stricte légalité. Après le rationnement de l'essence, de tels déplacements sont devenus plus difficiles. Et naturellement, aller faire ses courses à la campagne en autobus ou à pied est une autre affaire.

---

8. Il serait plus exact de dire : « ce qui est toléré et ce qui ne l'est pas ». Le président Dorticos, nous définissant la politique agricole, nota que le commerce privé est illégal pour les consommateurs, mais qu'il n'est pas réprimé par des méthodes policières. C'est un problème peu important de savoir si des activités interdites par la loi, mais qui ne sont pas réprimées en fait, sont légales ou illégales. De toute façon, pour bien nous faire comprendre, il nous a semblé préférable de réserver le terme « illégal » à des activités qui font l'objet de sanctions concrètes.

9. Cet exemple nous a été cité effectivement. Le prix était d'environ 250 pesos. Le type d'acheteur le plus courant est le médecin qui a encore une clientèle privée.

10. Voir ci-dessous, p. 100.

En résumé, on peut dire que la politique du gouvernement a consisté à décourager, plutôt qu'à interdire le commerce entre le paysan individuel et les consommateurs. Etant donné la nature de ce commerce, il n'y a aucun moyen d'en mesurer les résultats en termes quantitatifs. Mais on peut dire avec certitude que si la politique opposée, consistant à encourager et à institutionnaliser le marché libre, avait été adoptée, comme on l'a fait dans de nombreux pays socialistes, la demande de produits du secteur privé aurait été plus élevée, les profits de ce commerce et les ressources qui lui sont consacrées auraient été plus importants, la puissance et l'influence du secteur privé auraient été renforcées. La politique de « délimitation » a empêché cela et, dans ce sens, elle a sans aucun doute réussi.

« *Usure* » (*attrition*). Les fermes du secteur privé peuvent être transmises par héritage des parents aux enfants, mais elles ne peuvent être vendues qu'à l'Etat. En conséquence, d'année en année, une certaine quantité de terres passe du secteur privé au secteur public : lorsque les propriétaires meurent sans descendance directe, lorsqu'ils veulent prendre leur retraite, ou lorsque les enfants, héritant d'une ferme, ne veulent pas la cultiver. Dans ces deux derniers cas, elles sont rachetées par l'Etat.

Le gouvernement révolutionnaire espère que ce processus d'usure s'accélérera avec le temps. Ils pensent que les fils et les filles de paysans, étant donné le développement incessant de l'instruction technique et supérieure, les débouchés illimités offerts par l'industrie, l'agriculture collective modernisée et les services publics, seront de moins en moins enclins à suivre les traces de leurs parents et qu'ils vendront ou céderont leurs terres à l'Etat lorsqu'ils en hériteront. On a déjà la preuve que ce processus est en marche et il n'y a aucune raison de penser qu'il s'arrêtera dans l'avenir, à condition, bien entendu, que les débouchés attrayants

dans les secteurs socialistes de l'économie se matéria-
lisent comme prévu.

Mais « l'usure », quelque efficace qu'elle promette
d'être à long terme, est nécessairement une méthode
lente, et les dirigeants révolutionnaires pensent qu'ils
ne pourront laisser pendant une période indéterminée
une partie importante de l'agriculture nationale dans
un état arriéré et de faible productivité. Aussi ont-ils
appliqué au secteur privé d'autres mesures, dans le but
de le faire contribuer à la création d'une abondance
dont ils espèrent qu'elle mettra en danger sa propre
survie.

« *Abondance* ». Si nous avons bien compris ce que
disent les Cubains, les principes fondamentaux en ce
domaine peuvent être résumés ainsi : aujourd'hui, les
articles de consommation disponibles sont loin de correspondre au volume des salaires et à la demande. Lorsqu'ils ont acheté ce qu'ils ont pu trouver dans les
magasins d'Etat, à des prix officiels très bas, les Cubains
ont encore de l'argent à dépenser avec lequel ils peuvent faire monter les prix du marché libre et du marché noir. Si les marchandises deviennent plus abondantes, il leur sera possible de satisfaire davantage leurs
besoins dans les magasins d'Etat et les prix sur les
marchés privés baisseront, jusqu'à ce qu'en fin de
compte ils rejoignent ceux du marché officiel. Lorsque
ce point sera atteint, les marchés privés disparaîtront
en même temps que leur raison d'être qui était la rareté
des marchandises dans les magasins d'Etat.

Nous sommes encore loin de cet heureux événement et il n'est peut-être pas très important, à l'étape
actuelle, de se demander ce qui arrivera à ce moment-
là. Cependant, il n'est pas sans intérêt de montrer que
la mise en œuvre de cette théorie peut conduire à la
disparition du secteur privé lui-même. Il suffit pour cela
que la modernisation et le développement technologique du secteur nationalisé produisent un accroissement
plus rapide de la productivité dans ce secteur que dans

le secteur privé (le président Dorticos a souligné que ce processus était déjà en cours). Si le niveau des prix est maintenu, le secteur d'Etat produira alors un surplus croissant dont une partie pourra être consacrée à améliorer le niveau matériel et culturel des travailleurs des Fermes d'Etat plus rapidement que celui de la paysannerie privée. Ainsi, de plus en plus, celle-ci trouvera qu'il est avantageux de s'intégrer au secteur public — nouvelle forme du processus d'usure que nous avons décrit plus haut. Un article paru dans le *New York Times* du 1er août 1968 et daté de Miami, montre que de tels transferts sont déjà en cours.

« Les paysans cubains, écrit le journal de New York, cèdent leurs terres à l'Etat. Selon Radio La Havane, dans la province de Pinar del Rio, près de 500 hectares appartenant jusqu'ici à 43 petits fermiers ont été récemment incorporés dans les fermes d'Etat de la région.

« La cession des fermes, ajoute Radio La Havane, a été effectuée par des paysans « conscients qu'ainsi la production augmentera et que donc ils favorisent la construction de la nouvelle société socialiste ».

« Bien qu'annoncés brièvement et sporadiquement, les transferts de terres à l'Etat semblent faire partie d'un plan gouvernemental plus important, visant à réduire au minimum la propriété privée dans l'agriculture cubaine. »

A notre avis, les petits paysans agissent moins en fonction de leur conscience sociale que de leur désir d'améliorer leurs conditions de vie. Quant à l'annonce « brève et sporadique » de ces transferts, elle signifie que ceux-ci n'ont encore qu'une importance mineure et que les objectifs actuels de la politique gouvernementale envers la petite paysannerie sont tout à fait différents. Ce que le gouvernement cherche à obtenir, en fait, c'est l'augmentation de la productivité des petits paysans, afin de les insérer dans le système de planification de l'Etat tout en respectant leur statut de propriétaires individuels. Dans ce domaine, le programmepilote est celui de la Ceinture Verte de La Havane et le moyen essentiel est ce qu'on appelle le « micro-plan », en fonction duquel le paysan individuel accepte d'adapter sa production aux exigences du plan général, en échange de certaines formes d'aide de l'Etat. Dans son discours du 6 janvier 1968, Fidel a expliqué cette politique en détails, devant un auditoire comprenant la plupart des hôtes étrangers qui étaient venus à Cuba pour assister au Congrès Culturel. Il nous paraît utile de citer largement ce discours :

« Commencée le 17 avril 1967, la Ceinture Verte sera achevée en 1968. Elle contribue au développement agricole de la région entourant la capitale. Elle comprend la construction de logements pour les ouvriers et les paysans de toute la région. Une partie des terres de ce secteur appartient à l'Etat et une autre partie à des petits fermiers. Le programme assurera le plein développement de la zone, y compris les logements et l'équipement rural nécessaire.

« Déjà 458 maisons ont été construites, ainsi que 130 petites porcheries, 100 poulaillers, 79 granges, 338 autres bâtiments — restaurants, magasins — et 280 parcs et promenades.

« La Ceinture Verte comprend environ 2 300 *caballerias* de terres. Pour les Européens et nos hôtes étrangers qui n'utilisent pas la *caballeria* comme unité de mesure, je préciserai qu'une *caballeria* représente 13,4 hectares. Ainsi, une zone de 2 300 *caballerias* représente environ 30 000 hectares. Sur ces 30 000 hectares, 19 000 seront plantés d'arbres fruitiers entre lesquels seront insérés des caféiers.

« Le reste de la zone comprend quelque six ou sept mille hectares de pâturages qui sont dans la partie la plus éloignée, et deux parcs forestiers... Il y aura aussi des jardins botaniques, s'étendant sur 500 hectares, qui dépendront de l'Ecole de Botanique de l'Université de La Havane. De plus, la ville de La Havane y disposera d'un nouveau zoo.

« Certains lieux seront occupés par des réservoirs qui sont actuellement en construction. Les 2 300 *caballerias*, ou 30 000 hectares, de la Ceinture Verte seront irrigués...

« Ainsi, dans cette province, nous avons inauguré une nouvelle politique dont le but est l'utilisation rationnelle et optima de toutes les terres nationalisées ainsi que privées. Et comme nous partons du niveau très bas de productivité de ces terres privées, il nous sera facile d'en rationaliser l'utilisation, aussi bien pour le bénéfice des fermiers que pour celui de la nation.

« En premier lieu, tous les investissements sont faits par l'Etat. Cela signifie que, s'il faut défricher des terres, ou créer une nouvelle plantation comprenant des installations productives, les logements sont inclus dans le plan, car nous ne pratiquons pas une politique mercantile. Le fermier n'a rien à payer pour ces investissements. Il ne doit pas un sou à l'Etat. Ensuite, nous développons cette unité de production et la seule responsabilité du fermier est simplement d'en prendre soin, en utilisant les méthodes techniques appropriées et d'en tirer le rendement maximum. S'il s'agit d'une culture qui exige un effort supplémentaire, nous mobilisons la force de travail du pays aussi bien pour la récolte que pour la plantation. C'est de cette façon que les immenses travaux que vous avez vu autour de La Havane sont actuellement entrepris.

« Notre but, en tirant tout le profit possible de ces terres, est de créer une abondance telle que, dans un avenir assez rapproché, les produits qui vont y être cultivés puissent être retirés du circuit mercantile. Ainsi, cette société cultive les terres de l'Etat et investit dans les terres qui n'appartiennent pas à l'Etat. Elle fait des investissements, contribue à leur développement, contribue à leur exploitation afin de créer une productivité qui permettra au pays de retirer pratiquement tous ces produits du circuit mercantile. Cela signifie que notre société se consacre sérieusement à avancer vers une distribution communiste. (Applaudissements.)

« Naturellement, ceci doit avoir pour base le développement maximum de la technologie, de la productivité du travail et de la productivité de la terre.

« Dès maintenant, toute la population paysanne qui bénéficie de ces plans à petite échelle (micro-plans), améliore énormément sa situation. Ainsi sont créées des conditions de vie et de travail incomparablement meilleures, surtout pour les nombreuses familles qui vivaient encore dans des cabanes, au détriment de leur santé.

« Et pour donner une idée de ce que ce projet signifie économiquement — par exemple ici, dans la Ceinture Verte de La Havane — qu'il me suffise de dire que la valeur de ce qui sera produit par hectare augmentera de vingt fois. Cela signifie que chaque hectare de ces terres, une fois mis en culture, donnera des produits qui auront vingt fois plus de valeur qu'auparavant...

« En d'autres termes, c'est une véritable révolution en agriculture qui s'opère dans cette province, comme dans le reste du pays.

« Comment les fermiers ont-ils accueilli ces projets ? Naturellement, avec un enthousiasme extraordinaire, avec un optimisme extraordinaire, avec une joie extraordinaire.

« Ainsi la contradiction qui existait entre l'appropriation privée de la terre et la basse productivité de cette terre, d'une part, et les intérêts de la société, d'autre part, a été résolue, a été surmontée de la seule façon qui nous intéresse, de la façon dont nous devons surmonter toute contradiction au sein de notre société révolutionnaire, c'est-à-dire avec les masses ouvrières et paysannes ; toute contradiction quelle qu'elle soit.

« Et en vérité, l'un des problèmes les plus difficiles, dans le processus révolutionnaire, a été la question du rôle du petit fermier en agriculture...

« Comment ces plans à petite échelle ont-ils commencé ? Ils ont commencé avec quelques fermiers. Et les autres ont posé des questions à propos de ces plans. Ils ont demandé ce qu'ils signifiaient. Peu à peu, les plans ont acquis du prestige, et de plus en plus de fermiers ont voulu s'y joindre. Tant et si bien que la grande majorité des fermiers de la Ceinture Verte de La Havane — je dirai plus de 90 % — ont adhéré à ces plans. Ce qui se passe, dans chaque région du pays sans exception, c'est que les fermiers demandent quand il y aura un plan dans leur région, quand il y aura un plan dans leur province. Tel est le problème. Malheureusement, nous ne pouvons les réaliser à l'allure que nous voudrions, nous aussi. »

Il n'est pas étonnant que les petits paysans aient accueilli chaleureusement l'arrivée de ces micro-plans, puisqu'ils ont pour effet de les délivrer des responsabilités normales, financières et de gestion, de la propriété privée, tout en garantissant leurs revenus. D'un côté, en dehors de la propre force de travail du paysan, l'Etat fournit tout gratuitement : service des machines agricoles, engrais, insecticides, et même main-d'œuvre volontaire pour la récolte. D'un autre côté, le propriétaire reçoit régulièrement le prix des denrées produites sur son sol. En d'autres termes, en ce qui concerne la production, sa situation ressemble à s'y méprendre à celle de l'ouvrier agricole d'une Ferme d'Etat. Mais, en ce qui concerne le revenu, il continue d'être payé à la fois pour son travail et pour sa terre.

Il est possible, comme le prédit Fidel, que la productivité agricole, augmentant grâce à la rationalisation de l'utilisation du travail et de la terre des petits paysans, atteigne un niveau tel qu'à la fois l'ensemble de la société et les petits producteurs privés en profitent. Cela contribuerait à créer l'abondance, facteur de diminution et éventuellement d'élimination, de la différence entre les prix du marché officiel et ceux du marché libre. Cela hâtera-t-il le déclin du secteur privé en agriculture ? C'est une autre affaire. Les petits paysans vont participer à l'accroissement de la production, non seulement en tant que travailleurs, mais aussi en tant que propriétaires. On pourrait donc affirmer que la généralisation des micro-plans rapportera des avantages supplémentaires à une classe déjà privilégiée, créant ainsi de nouveaux droits acquis que les membres de cette classe ne consentiront pas facilement à abandonner.

Il y a trop d'impondérables en ces matières et nos connaissances sont beaucoup trop limitées pour que nous puissions en parler avec quelque assurance. Mais nous pensons pouvoir dire, sur la base des informations que nous avons recueillies, que le problème du secteur privé en agriculture, dont Fidel a dit avec raison, dans le discours cité plus haut, qu'il était « l'un des problèmes les plus difficiles du processus révolutionnaire », est loin d'être résolu et qu'il continuera à tourmenter pendant longtemps les dirigeants de la Révolution.

Avant de quitter ce sujet, un mot encore sur les références de Fidel au retrait des produits du circuit mercantile, qu'il identifie à la distribution communiste. « Circuit mercantile » signifie probablement l'échange de produits contre de l'argent (les denrées produites en vue d'un tel échange sont désignées sous le terme de marchandises (*commodities*), ou en espagnol, de *mercancias*. Les produits retirés du circuit mercantile ne sont donc plus échangés contre de l'argent et cessent d'être des marchandises. Il y a bien entendu diverses autres possibilités : par exemple la quantité disponible totale de chaque type de produits peut être divisée par le chiffre de la population, chacun recevant sa quote-part. Mais lorsque Fidel parle de « distribution communiste », nous pouvons affirmer qu'il ne pense pas à un tel système, mais plutôt à une libre distribution « à chacun selon ses besoins ».

Presque tout étant désespérément rare, en ce moment, à Cuba, il peut paraître déraisonnable, ou pire, de parler de libre distribution selon les besoins de quelque produit que ce soit. Mais nous ne sommes pas d'accord avec cette façon de voir. Tout d'abord, nous pensons que la responsabilité, et même le devoir, des communistes sérieux, est de ne pas mettre les objectifs finaux du communisme aux oubliettes, dans une sorte de littérature sacrée traitant d'un lointain paradis sur la terre, exactement comme la littérature du Christianisme parlait du ciel et de l'enfer. Les buts et les idéaux du communisme, s'ils sont destinés à autre chose qu'à abuser les crédules, doivent jouer un rôle dans les projets concrets et dans l'action de tous les jours. Castro le comprend très bien. Dans ses discours, qui sont avant tout des discours de professeur s'adressant à ses élèves, il cherche toujours à lier la politique du gouvernement révolutionnaire à la perspective du communisme. Cela ne nous paraît pas être une faiblesse, mais au contraire une preuve de sa grandeur de révolutionnaire et de communiste.

Mais peut-on dire que parler de la société communiste dans la situation actuelle de pénurie, quelque noble que soit l'intention, équivaut à tromper le peuple cubain ? A nouveau, nous ne sommes pas d'accord. Déjà l'instruction et les soins médicaux sont tous deux dispensés largement en fonction du critère communiste des besoins, même si, en qualité et en quantité, ces services sont encore loin de correspondre aux besoins d'une société communiste pleinement développée. Un important premier pas a été fait. Le peuple le comprend et il y est sensible ; car le premier pas joue un rôle dans la transformation de leur « nature humaine ».

Le même genre de progrès peut-il être réalisé dans le domaine des biens matériels ? Certainement. Le rationnement des denrées indispensables, assurant à chacun sa juste part, est un tout petit pas vers la société communiste, même si les marchandises ne sont pas, par ce moyen, retirées du circuit mercantile. Il est même possible que certains produits soient, dans un avenir pas trop éloigné, distribuées *gratuitement* selon les besoins.

Par exemple, lorsque l'objectif de dix millions de tonnes de sucre aura été atteint, il sera tout à fait possible de distribuer le sucre gratuitement au peuple cubain. La consommation intérieure ne représente qu'une petite partie de la production cubaine et il est peu probable qu'elle augmenterait beaucoup en cas de distribution gratuite. Et si les plans concernant d'autres produits agricoles — fruits, lait, café, pour n'en citer que quelques-uns — se réalisaient comme prévu, ces produits pourraient s'ajouter au secteur de la distribution gratuite, peut-être pas d'ici deux ou trois ans, mais d'ici une décennie.

Fidel peut paraître trop optimiste — ceci est affaire d'opinion — mais il n'est certainement ni un fou, ni un menteur.

LE SECTEUR PRIVÉ EN DEHORS DE L'AGRICULTURE

Avant le 13 mars 1968, on n'avait que très peu d'informations sur le secteur privé non agricole. On savait, bien entendu, que de nombreuses petites entreprises, commerciales ou artisanales, avaient échappé aux décrets de nationalisation de l'été et de l'automne de 1960. Mais, à notre connaissance, aucune étude n'avait été faite, ou en tout cas publiée, sur leur nombre total, leur répartition par branches d'activités, leur éventuelle disparition ou, au contraire, la création de nouvelles entreprises, etc. Dans le discours qu'il a prononcé le 13 mars 1968 à l'Université de La Havane, passant en revue quelques-uns des problèmes les plus urgents et les difficultés du pays, Fidel a parlé longuement du secteur privé non agricole. Il a cité les résultats d'enquêtes effectuées par le Parti Communiste dans plusieurs quartiers de La Havane. Il a donné notamment les indications suivantes :

— Rien qu'à La Havane, il y a 955 bars appartenant à de petits propriétaires.

— Ces bars, et d'encore plus nombreux magasins d'alimentation et marchands de quatre-saisons, se procurent illégalement une grande partie de leurs marchandises, passent outre aux règlements sanitaires et rapportent souvent à leurs propriétaires des bénéfices de 25, 50, 100 pesos par jour, et même davantage.

— Les propriétaires sont, pour la plupart, indifférents ou hostiles à la révolution et exercent une mauvaise influence à la fois sur leurs fournisseurs et sur leurs clients.

— « Par l'intermédiaire d'épiceries privées, indique une des enquêtes, le secteur privé vend 77 millions de pesos de marchandises, sur un total de 248 961 703. » (Le contexte ne permet pas d'établir si ces statistiques concernent La Havane ou l'ensemble du pays, mais de toutes façons les ordres de grandeur indiqués sont saisissants. Presque un tiers du commerce de détail est aux mains du secteur privé ! Si, comme nous le pensons, ces épiceries privées achètent la plupart de leurs marchandises à des fermiers individuels, à des prix beaucoup plus élevés que ceux des organismes de ramassage de l'Etat et les revendent ensuite au public après avoir pris un coquet bénéfice, nous voyons que, jusqu'au 13 mars, le rôle du marché libre — à la fois dans la production et la circulation des marchandises — était en réalité plus important encore que ne l'indique l'analyse faite au début de ce chapitre.[11]

— D'une autre enquête du Parti : « Il est clair que

11. Voir pp. 127-128. L'hypothèse selon laquelle la plupart des marchandises proviennent des paysans individuels est confirmée par une déclaration publiée à la fin mars par l'Association des Petits Fermiers (A.N.A.P.), qui dit notamment : « Il n'a échappé à personne que ces éléments (les commerçants privés) se sont rendus jour après jour dans les campagnes, offrant aux fermiers des prix élevés pour leurs produits, et les ont revendus ensuite aux travailleurs à des prix accrus. » (« Granma », 31 mars 1968.)

les propriétaires de commerces privés sont des exploiteurs. Les statistiques révèlent que 31,1 % de ces commerces (à La Havane) emploient du personnel salarié. »

— Autre extrait d'une enquête : « Dans les villes de la province de La Havane, 10,2 % des propriétaires ont acquis leur commerce depuis moins d'un an, et 36 % depuis moins de huit ans — c'est-à-dire qu'ils ont commencé leurs affaires après le triomphe de la Révolution... L'enquête réalisée par l'administration municipale révèle que dans l'agglomération de La Havane, le pourcentage est de 51,7. »

Après avoir souligné ces faits et bien d'autres, Fidel se mit à tirer certaines conclusions :

« Messieurs, nous n'avons pas fait la Révolution ici pour garantir le droit de faire du commerce ! Une telle révolution a eu lieu en 1789 — c'était l'ère de la révolution bourgeoise, presque tout le monde a lu cela — c'était la révolution des marchands, des bourgeois. Quand comprendra-t-on enfin que notre Révolution est une révolution de socialistes, de communistes ? Quand comprendra-t-on que personne n'a versé son sang ici, dans le combat contre la tyrannie, contre les mercenaires, contre les bandits, pour garantir à quiconque le droit de gagner 200 pesos en débitant du rhum ou 50 pesos en vendant des omelettes et des œufs au plat, tandis que les jeunes femmes qui travaillent dans les entreprises d'Etat reçoivent le salaire modeste, le revenu modeste que permet le présent développement de l'économie de notre pays ? Qui leur a donné ce droit ?

« Pour eux, les avertissements ne servent à rien, la réalité ne signifie rien. Ils veulent presser le fruit jusqu'à la dernière goutte. Tant que dureront leurs privilèges, ils chercheront à en profiter au maximum jusqu'à la dernière minute. Mais la dernière minute est toute proche, elle est à la portée de notre main ! Nous devons dire clairement et définitivement que nous nous proposons d'éliminer le commerce privé sous toutes ses formes. Clairement et définitivement...

« Toute une vermine d'intermédiaires demeure. Rappelons-nous comment le *Diario de la Marina*, qui était l'organe du capitalisme, tempêtait contre toute mesure qui, de près ou de loin, menacerait la liberté sacrée du commerce, affirmant qu'elle découragerait les affaires et constituerait un frein au développement du commerce. Qui pourrait accepter de tels arguments aujourd'hui dans notre pays, où toutes les mesures qui pouvaient être prises contre le capitalisme ont été adoptées et où le capitalisme essaie néanmoins de reparaître partout où il peut ?...

« Quiconque affirme que le capitalisme peut être facilement découragé est un menteur ; les racines du capitalisme doivent être extirpées ; les racines de l'exploitation de l'homme doivent être extirpées ! » (Applaudissements.)

Vers la fin de son discours, Fidel a déclaré : « Nous devons tirer la leçon de chaque chose, de chaque événement. Toute nouvelle expérience doit renforcer la Révolution. Et nous comprenons que c'est le moment d'entreprendre une offensive révolutionnaire, profonde et puissante. »

Comme cette péroraison le laissait prévoir, Fidel annonça deux jours plus tard, dans un discours prononcé lors de l'inauguration d'une nouvelle école à Boca de Jaruco, la « nationalisation, ou prise en charge, si vous préférez, de tous les types de commerces privés existant encore dans notre pays ». C'était la mesure clef de ce que l'on appela immédiatement « l'offensive révolutionnaire ». On peut en comprendre le caractère radical et la portée à la lumière des statistiques publiées dans le numéro spécial hebdomadaire de *Granma* daté du 7 avril (voir le tableau n° 17).

Plus de 55 000 entreprises, la plupart employant des parents et parfois de la main-d'œuvre salariée, cela constitue un élément important de l'économie d'un petit

TABLEAU XVII

Les commerces privés nationalisés le 26 mars 1968

TOTAL	**55 636**
Alimentation de détail	**17 212**
Epiceries	11 878
Boucheries	3 130
Marchands de volailles	204
Poissonneries	12
Bazars	370
Marchands de quatre-saisons	1 545
Divers	73
Produits de l'industrie	**2 682**
Magasins de vêtements	284
Magasins de chaussures	52
Quincailleries	57
Marchands de meubles et maroquineries	144
Electro-ménager	8
Débits de tabac	244
Chapelleries	37
Boutiques de bimbeloterie	1 170
Bijouteries	207
Librairies	30
Fleuristes	218
Divers	231
Bars et restaurants	**11 299**
Bars	3 198
Snacks	2 302
Restaurants	2 070
Marchands de nourriture prête à consommer	3 704
Divers	25
Industries	**14 172** (a)
Blanchisseries, teintureries	6 653
Photographes	495
Salons de coiffure	3 643
Cordonneries	1 188
Hôtels et pensions de famille	635
Garages	4 544
Divers	3 014
Industries	**9 603**
Métallurgie	682
Bois	3 345
Cuirs et peaux	249
Matériaux de construction	283
Caoutchouc et matière plastique	54
Artisanat	1 598

Produits chimiques	28
Parfums	25
Produits alimentaires	307
Tabac	170
Textiles	148
Imprimeries	148
Industrie lourde	331
Industrie légère	494
Divers	1 741
Non classés	668

(a) Les entreprises commerciales classées au chapitre « services » dépassent d'exactement 6 000 le total indiqué de 14 172. Cette erreur semblerait indiquer que le nombre des « blanchisseries et teintureries » s'élèverait à 653, et non à 6 653.

pays dont la population n'est que de huit millions d'habitants.[12] Ces nationalisations-éclair apporteront nécessairement des changements appréciables dans la structure et le fonctionnement du socialisme cubain.[13]

Pourquoi avoir pris à ce moment-là une décision d'une telle importance ? La raison est plus politique qu'économique. Comme nous l'avons déjà souligné (pp. 113-115), Cuba traverse une période d'extrême austérité : presque tout est rationné, et même des denrées non rationnées sont le plus souvent introuvables, à quelques exceptions près. Au même moment, on fait un grand effort pour augmenter la production et on demande sans arrêt à tout le monde de travailler plus durement. Dans ces conditions, beaucoup de gens ont

12. Dans son discours du 1er mai, Raul Castro a estimé le nombre total d'entreprises nationalisées à 57 600.

13. Selon le discours de Fidel des 13 et 15 mars, les seuls entrepreneurs privés, en dehors de l'agriculture, non nationalisés, sont les chauffeurs de taxis et les camionneurs. Leur nombre n'est pas précisé. Fidel a donné de leur exclusion du décret de nationalisation les deux raisons suivantes : premièrement, leur travail est utile à la société et, deuxièmement, leur statut de propriétaire ne peut survivre à leurs véhicules qui datent tous d'avant la Révolution et qui, de ce fait, ne resteront pas longtemps en service.

tendance à se décourager, à être absorbés par leurs difficultés personnelles, à perdre leur enthousiasme, à devenir apathiques. Si, en plus de cela, ils constatent qu'au
moment où le pays se met la ceinture, certains continuent d'être privilégiés et même parviennent à profiter
de la misère des autres, ils peuvent devenir cyniques
et perdre leur confiance dans la Révolution elle-même.
Pour les Cubains, ce cheminement conduit généralement
à la décision de quitter le pays. Nous reviendrons sur
ces problèmes plus loin, dans le chapitre 11 : conten-
tons-nous ici d'indiquer que les dirigeants révolutionnaires sont, bien entendu, conscients de l'existence, surtout parmi les habitants de La Havane, de ces tendances et de cet état d'esprit — la première partie du
discours de Fidel du 13 mars suffit à le prouver — et
savent que si elles ne sont pas efficacement combattues,
elles deviendront une menace sérieuse pour le succès
des programmes de développement.

Tel était l'arrière-plan de l'offensive révolutionnaire
en général et du décret de nationalisation en particulier.
La demande de produits et de services dépassant de
loin les marchandises disponibles, des commerçants et
petits industriels privés pouvaient réaliser à volonté
des bénéfices excessifs et ramasser des revenus souvent supérieurs de plusieurs fois à ceux des travailleurs
les mieux payés. Ceci ne pouvait que tendre à démo-
raliser beaucoup de citoyens ordinaires, favorables à la
Révolution, mais n'ayant pas la ferveur militante des
membres du Parti ; certains d'entre eux pouvaient être
tentés de quitter leurs emplois et de rejoindre les
rangs de la petite bourgeoisie privilégiée. Un éditorial
publié dans le numéro de *Granma* du 31 mars montre
clairement que cette situation constituait un très grave
danger et que, de ce fait, elle a été l'une des principales raisons du décret de nationalisation :

« Comme le camarade Castro l'a indiqué, lit-on dans
cet éditorial, le nombre considérable de ces entreprises

privées existant avant le triomphe de la Révolution s'est augmenté de nombreux commerces qui ont surgi ces dernières années. Ils sont le refuge d'une foule d'éléments indésirables, allant d'exilés potentiels, attendant de quitter le pays, à des couches de déclassés et autres individus anti-sociaux, qui considèrent avec mépris le travail créateur du peuple et essaient d'utiliser les épaules des autres comme tremplin pour parvenir eux-mêmes à de douillettes situations.

« Ces établissements étaient des nids de parasites, des foyers de corruption, de marché noir et de conspiration contre-révolutionnaires. Ils étaient l'antithèse manifeste du principe de l'effort créateur commun énoncé par notre Révolution.

« Pour donner une idée exacte du degré de la corruption engendrée par ces activités, nous citerons seulement les résultats de l'enquête effectuée par le Parti sur le commerce privé dans l'agglomération de La Havane. Selon ce rapport, 27 % des propriétaires étaient des ouvriers avant de se lancer dans les affaires (et la grande majorité d'entre eux a commencé après la victoire de la Révolution). Pour Las Villas, le pourcentage est de 33,8 ; pour l'intérieur de la province de La Havane, de 33,3 ; et pour Oriente, 28,8. Il est intolérable qu'un ouvrier, dont le travail profite à l'ensemble du pays, puisse devenir un bourgeois potentiel, un grippe-sou égoïste et un exploiteur de ses concitoyens. »

Ces statistiques le montrent clairement : une nouvelle petite-bourgeoisie se développait au sein même de l'économie socialiste. Ce phénomène ne peut être comparé avec la survivance de l'ancienne petite-bourgeoisie du commerce ou de l'agriculture. Comme nous l'avons déjà vu dans notre analyse du secteur privé agricole cette ancienne petite-bourgeoisie pose de très sérieux problèmes à une société socialiste, mais elle peut être contenue et graduellement éliminée, par une série de mesures qui ne sont pas susceptibles de provoquer des conflits ouverts et violents. Mais la naissance d'une nouvelle petite-bourgeoisie dans le cadre de la circulation des marchandises est une chose différente. Il ne s'agit pas d'un héritage du passé, mais du produit de forces en mouvement dans le présent. De plus, s'il se développe, ce processus ne peut que s'étendre à d'autres secteurs de l'économie, contaminer de plus en plus d'ouvriers et devenir une force politique et idéologique de plus en plus puissante. Aucun régime socialiste ne peut se permettre de rester les bras croisés et de regarder ce phénomène sans réagir ; une action énergique était donc absolument nécessaire.

Il ne faudrait pas croire, cependant, que la nationalisation suffit par elle-même à régler complètement le problème. Dans l'immédiat, bien sûr, elle liquide cette nouvelle classe, en même temps que l'ancienne petite-bourgeoisie non agricole. Mais elle ne modifie pas la situation sous-jacente et, de ce fait, elle n'apporte aucune garantie contre une répétition du processus. Il s'ensuit que le succès dépend pour beaucoup des mesures prises après la nationalisation du secteur privé.

Deux problèmes se posaient au lendemain de cette décision : que faire des anciens propriétaires et de leurs employés, et que faire de leurs entreprises.

Les propriétaires et leurs employés ont été enregistrés et affectés à un emploi adéquat ou à d'autres fonctions dans l'économie socialisée.

« En application des instructions données par le ministère du Travail, lisait-on dans *Granma* du 7 avril, le personnel employé dans les entreprises nouvellement nationalisées reçoit une autre affectation.

« Par exemple, dans la province de La Havane, 626 personnes ont été consultées par le ministre du Travail les 24 et 25 mars. 153 ont demandé un emploi dans l'agriculture, 16 au ministère de la Construction et 176 dans des secteurs divers de la production ou des services publics ; 30 avaient déjà un emploi ; 25 étaient retraités ; 130 avaient déjà demandé leurs retraites ; 19 étaient physiquement handicapés ou inaptes ; 74 cas sont restés à l'étude. »

Quant aux divers commerces ou affaires, beaucoup (notamment les bars) ont été fermés définitivement et leurs avoirs distribués aux entreprises de l'Etat. D'autres ont été incorporés dans le secteur d'Etat, les problèmes de réorganisation et de gestion étant placés, le plus souvent, sous la responsabilité des Comités de Défense de la Révolution (C.D.R.) ou d'organisations de masse locales (village, quartier ou immeuble).

« A ce moment-là, lit-on encore dans *Granma* du 7 avril, dans chaque province, des camarades ont été désignés comme administrateurs populaires des établissements nationalisés.

« Ces administrateurs ont été choisis principalement parmi les membres des C.D.R. La plupart d'entre eux étaient ceux-là mêmes qui avaient été désignés comme administrateurs provisoires immédiatement après la nationalisation.

« Un grand nombre de ces camarades mèneront leur tâche administrative sur une base volontaire. Car les C.D.R. comptent parmi leurs membres beaucoup de personnes capables d'administrer de petites entreprises commerciales : ouvriers retraités, vivant de leurs allocations, camarades des Forces Armées Révolutionnaires, estropiés ou mutilés, qui reçoivent une pension, ménagères révolutionnaires dont les maris subviennent aux besoins de la famille, etc.

« Les informations reçues à ce jour indiquent que la majorité de ceux qui ont été choisis étaient à ce moment-là sans emploi ; la plupart sont des femmes. »

Le gouvernement essaie donc d'utiliser les nationalisations, non seulement pour obtenir une répartition socialement plus équitable de la main-d'œuvre, mais aussi pour inclure de nouveaux éléments (surtout des femmes) dans la vie économique.

Même s'ils s'avèrent fructueux, ces efforts ne modifient pas la situation qui a donné naissance à la nouvelle petite-bourgeoisie — le déséquilibre entre le niveau élevé des revenus et la rareté des marchandises disponibles. Tant que cette situation persistera — et il semble que ce soit pour longtemps — la possibilité objective de s'enrichir en fournissant aux consommateurs des marchandises ou des services pour lesquels ils sont prêts à payer un prix élevé persistera également. Et tant qu'il y aura des gens qui n'auront pas changé d'état d'esprit, qui seront toujours animés par l'appât du gain, on peut être certain qu'il y aura des tentatives de se livrer à un commerce privé, légalement si possible, illégalement si nécessaire. Comme le résultat des nationalisations a été de fermer la voie légale, il est logique de conclure qu'à partir de maintenant, il faudra faire face de plus en plus au problème du secteur privé illégal. Sauf erreur de notre part, Fidel l'a reconnu implicitement lorsqu'il a déclaré, dans son discours du 15 mars, « qu'il n'avait pas été nécessaire d'arrêter ou de détenir qui que ce soit », et lorsqu'il a ajouté :

« Nous n'avons pas l'intention de porter tort à qui que ce soit ou de laisser qui que ce soit dans le besoin. La Révolution ne serait pas juste, elle ne serait pas humaine, si qui que ce soit était dans le besoin. Telle n'est pas notre intention. Mais naturellement, la Révolution sera ferme et si elle doit se montrer sévère, elle se montrera sévère.

« En d'autres termes, ce que la Révolution aimerait faire, ses intentions, sont une chose ; et ce que la Révolution est obligée de faire en est une autre. Aussi, à chaque fois que la Révolution sera obligée de se montrer sévère, elle sera sévère. Il ne peut y avoir aucun doute à ce sujet. »

Il reste à savoir pendant combien de temps la Révolution devra employer la coercition pour empêcher la formation d'une nouvelle couche de commerçants privés.

A long terme, l'espoir est que le problème puisse être réellement résolu — c'est-à-dire que ses causes profondes puissent être éliminées — d'une part en produisant suffisamment pour satisfaire les besoins du peuple et, d'autre part, en élevant le niveau de sa conscience socialiste. Ces sujets retiendront notre attention dans le chapitre suivant.

CHAPITRE VIII

LES STIMULANTS

Dans le discours qu'il a prononcé à Sagua La Grande le 9 avril 1968 (pour la commémoration du dixième anniversaire de la grève générale du 9 avril 1958), Fidel a déclaré :

« Beaucoup d'ouvriers avaient l'habitude de travailler sous le fouet du patron, l'habitude de n'avoir du travail que quelques mois de l'année. Ils étaient victimes du chômage et des centaines de milliers de leurs camarades étaient eux aussi sans emploi. Lorsque la Révolution a triomphé, ces ouvriers ont acquis un travail permanent. Ils ont acquis la sécurité de l'emploi. A ce moment-là, ils furent délivrés de myriades de problèmes qui pesaient sur eux depuis toujours — la probabilité de voir mourir leur gosse s'il tombait malade, la cherté de la vie, la menace constante du chômage. Tous ces maux disparurent et beaucoup de gens qui ne comprenaient pas ce que la Révolution signifiait commencèrent à travailler moins qu'auparavant. Ils commencèrent à travailler sept, six, cinq, quatre heures par jour. Dans les premiers jours de la Révolution, la tendance n'était pas d'augmenter les efforts, mais de les diminuer. »

Les choses vont mieux aujourd'hui, mais le même problème de base demeure. Dans le rapport de 1967 intitulé *Le développement industriel à Cuba*, que nous avons cité plus haut, page 111, nous lisons :

« On ne peut pas dire... que la main-d'œuvre soit

pleinement utilisée dans l'agriculture, car les enquêtes effectuées démontrent que, pour la plupart des travaux agricoles, le temps de travail n'atteint généralement pas huit heures par jour. Ceci est dû à des erreurs dans l'organisation du travail, au fonctionnement défectueux des normes de production établies et à d'autres causes qui apparaissent clairement lorsqu'on examine le cas des ouvriers agricoles. Ceux-ci ont un travail stable et des salaires beaucoup plus élevés qu'avant la Révolution. Mais la rareté de certains produits industriels de consommation dont l'achat constituerait pour eux un stimulant supplémentaire, les incite à réduire leurs horaires de travail pour les tâches les plus pénibles, car, malgré cela, ils conservent un revenu et un niveau de vie qui constitue un grand progrès par rapport à la période précédente. »[1]

Nous n'avons pas réussi à savoir à quels endroits ces enquêtes sur le travail des ouvriers agricoles ont été effectuées, de sorte qu'il ne nous est pas possible de donner des statistiques sur les horaires de travail dans les diverses branches de l'agriculture. On peut cependant se faire une idée de ce qu'ont révélé ces enquêtes, en lisant un compte rendu, publié par *Granma* le 4 août 1968, d'un discours prononcé par le ministre du Travail Jorge Risquet après une tournée d'inspection dans la province de Camagüey. Risquet explique d'abord que cette province a besoin de recevoir une aide importante du reste du pays, parce qu'elle est, à la fois, l'une des plus importantes du point de vue agricole et celle qui a la plus faible densité de population. Et le compte rendu de *Granma* poursuit :

« Mais ceci, a-t-il souligné, ne doit pas faire perdre de vue un autre fait : si nous recrutons tous les hommes valides pour les travaux ruraux de la province et si nous réussissons à maintenir un excellent niveau de présence — huit heures par jour, vingt-quatre jours

---

1. Op. cit., pp. 32-33.

par mois — et une haute moyenne de production, conforme à nos objectifs, le rendement actuel de notre main-d'œuvre sera doublé. »

Ceci laisse supposer qu'en moyenne, les ouvriers agricoles de Camagüey ne fournissent guère plus de la moitié du travail qu'ils pourraient fournir normalement, sans fatigue exagérée ou sans nuire à leur santé. Cet ordre de grandeur est valable non seulement pour Camagüey, mais pour l'ensemble du pays. C'est ce qui ressort des discussions que nous avons eues avec des spécialistes bien informés (cubains et étrangers) de l'économie agricole. Selon eux, la journée de travail moyenne est de quatre ou cinq heures. Ils admettent généralement que l'absentéisme est un problème important. Nous pouvons en conclure qu'à l'heure actuelle, à Cuba, la main-d'œuvre agricole n'est utilisée qu'à environ 50 % des possibilités. Il s'ensuit que si l'on pouvait trouver les moyens de remédier à cette sous-utilisation, le problème du manque de main-d'œuvre, probablement le plus sérieux auquel Cuba ait à faire face à cette étape de son développement, serait résolu rapidement. La production agricole ferait un grand bond en avant. Les conditions de vie s'amélioreraient dans tout le pays, les tensions politiques et sociales diminueraient. Comme nous le dit un économiste (non cubain) avec une excusable exagération : « Les problèmes de Cuba seraient résolus. »

Mais, hélas ! il n'y a ni remède immédiat, ni formule magique. L'attitude de la paysannerie cubaine envers le travail est le reflet de sa propre histoire et de la nature même de la Révolution qu'elle a tant contribué à amener au pouvoir. Durant tout le long passé colonial et semi-colonial de Cuba, les paysans furent les grands oubliés de la nation, sauf pendant les quelques mois de l'année où l'on avait besoin d'eux pour rentrer les récoltes de canne dont l'exportation faisait la richesse des exploiteurs cubains et étrangers.

Pendant cette période, ils étaient contraints de travailler sans merci, dix, douze et même quatorze heures par jour, pour gagner juste de quoi ne pas mourir de faim pendant le reste de l'année. L'Etat n'assurait pas l'instruction de leurs enfants ; l'Eglise ne daignait même pas envoyer de missionnaires ou construire des chapelles[2] chez eux. Spirituellement, ils étaient traités comme des bêtes de somme, et physiquement pire encore.

Avec la Révolution, tout cela changea du jour au lendemain. La réforme agraire donna gratuitement au fermier, au métayer, au squatter, le titre de propriété de sa terre. Ils n'eurent plus à payer de fermages à un propriétaire foncier. L'Etat réduisit et finalement abolit (en 1967) tous les impôts. Débarrassés de tous ces fardeaux, ils purent immédiatement augmenter leur propre consommation. L'instruction gratuite pour leurs enfants (et pour eux-mêmes s'ils le désiraient), des services médicaux également gratuits et fortement améliorés, tout cela donna à la paysannerie des avantages matériels et des facilités dont jusqu'ici elle n'avait même pu rêver. Quant aux ouvriers agricoles, leurs salaires furent immédiatement augmentés, qu'ils soient restés dans les Fermes d'Etat ou qu'ils aient trouvé un emploi dans l'industrie. Le travail leur était maintenant assuré tout au long de l'année. Les nouveaux services de santé et d'éducation leur étaient accessibles, à eux et à leurs familles, comme à toutes les autres couches de la population.

En réalisant cette transformation quantitative et qualitative des conditions de vie de la paysannerie, la Révolution était fidèle à sa nature et à ses promesses. En même temps, elle détruisait inéluctablement tout le système de contraintes qui, depuis des siècles, était et

---

2. Lowry Nelson, auteur de l'ouvrage classique sur la vie à Cuba avant la Révolution, « Rural Cuba » (Minneapolis : University of Minnesota, 1950), écrit qu'il n'a jamais vu une église en dehors des villes et des bourgs.

était uniquement, la peur de la famine. Le paysan travaillait autant et aussi durement qu'il pouvait parce que c'était le seul moyen de se nourrir et de nourrir sa famille. Après la Révolution, il put subvenir beaucoup mieux à ses besoins tout en travaillant beaucoup moins. L'Etat mit largement à sa portée des bienfaits qu'il avait longtemps désirés, mais dont il n'avait jamais joui. Tous les motifs traditionnels, on pourrait dire innés, de travailler dur, s'évanouirent. Faute de substituer à ces motifs de nouvelles raisons, le paysan eut la réaction la plus naturelle et la plus humaine qui soit : il cessa de travailler plus qu'il n'était nécessaire pour profiter de ses nouvelles et meilleures conditions de vie.

Mais quelles nouvelles raisons la Révolution pouvait-elle substituer à l'ancienne peur de la famine ? Les économistes orthodoxes ont un remède tout prêt : les stimulants matériels. Fixez les prix et les salaires de telle façon, disent-ils, que quiconque travaillant plus dur reçoive davantage. Mais au-delà d'un minimum de base commun à tous, un pays sous-développé comme Cuba avait peu de choses à distribuer en primes de rendement. Pour établir un système efficace de stimulants matériels, il fallait donc abandonner l'idée d'un minimum de base égal pour tous et accepter un principe différent : le salaire serait fixé en fonction d'un rendement moyen déterminé. Ceux qui travailleraient en dessous de la norme recevraient moins et ceux qui travailleraient au-dessus, davantage. Un tel système pouvait sans aucun doute être conçu de manière à ce que personne ne meure de faim,[3] mais il n'aurait été finale-

---

3. Un salaire de subsistance doit permettre davantage que la simple survie physique : « contrairement... au cas des autres marchandises, il entre ici, dans la détermination de la valeur de la force de travail, un élément moral et historique. Quoi qu'il en soit, dans un pays donné, à une période donnée, la quantité moyenne de moyens de subsistance nécessaires au travailleur est pratiquement connue ». « Le Capital » (Edition Kerr), vol. I, p. 190.

ment rien d'autre qu'une modification de l'ancien système dans lequel le principal stimulant du travail des paysans était la crainte de la famine. Pour la Révolution cubaine, le choix d'une telle voie aurait été une véritable trahison de ses propres principes. Les résultats, à long terme, auraient été désastreux. Les dirigeants révolutionnaires n'ont jamais montré, et c'est tout à leur honneur, aucune disposition à commettre une telle folie.

Si les stimulants matériels sont exclus, il ne reste que deux possibilités : 1) enrégimenter les travailleurs, ce qui implique un certain degré de coercition ; et 2) élever la conscience politique et sociale du peuple, afin qu'il travaille dur parce qu'il désire travailler dur, parce qu'il trouve dans le travail une valeur positive, parce qu'il éprouve une sentiment de responsabilité vis-à-vis de la collectivité.

1. D'une manière générale, la Révolution cubaine a eu fort peu recours à « l'enrégimentation », bien qu'on en trouve des traces évidentes dans les mobilisations sur une vaste échelle de main-d'œuvre volontaire. Non qu'il n'y ait eu, pour ces mobilisations, quelque coercition physique que ce soit. Les pressions exercées étaient de nature sociale et morale. Cependant, nous pensons que dans les prochaines années, il est non seulement possible, mais probable, que des formes plus directes d'enrégimentation seront davantage employées. Il y a déjà des signes de cette évolution, par exemple le rôle croissant joué par l'armée dans l'économie, qui implique une extension des concepts militaires d'organisation et de discipline. La « Brigade de défricheurs Che Guevara », par exemple, est organisée militairement, avec des officiers et des cadres subalternes de l'armée. Puissamment dotée d'équipements mécanisés, elle a défriché des milliers d'hectares de terres, étendu le réseau routier du pays, construit des réservoirs et des barrages. La mobilisation effectuée dans la province d'Oriente en avril — que l'on appelle le « mois Giron » parce que

l'invasion manquée de 1961, à la « Playa Giron », eut
lieu en avril — est encore plus révélatrice de cette
tendance à la militarisation. Cette mobilisation a été
décrite par le ministre des Forces Armées, Raul Castro,
dans son discours du 1er mai 1968, de la manière
suivante :

« Cette année, la province d'Oriente a célébré le
mois Giron par une mobilisation sans précédent... Le
Comité Provincial du Parti a décidé de ne pas l'organiser comme les autres années, de sorte d'utiliser la
structure de Défense Civile et d'expérimenter les plans
pour le temps de guerre.

« Dans ce but, un plan pilote a été mis en œuvre
à la Ferme d'Etat n° 8, à Bayamo. Les tracteurs et les
camions ont été remplacés par des charrues et des
chariots tirés par des bœufs ; toutes les machines ou
véhicules nécessitant du carburant ont été éliminés.
(Applaudissements.) En même temps, 1 236 ouvriers de
Bayamo qui n'étaient pas essentiels à la production vinrent travailler à la ferme..., pendant que leurs camarades continuaient leur ouvrage habituel à l'usine. De
nombreux ouvriers d'usine ont été remplacés par des
femmes ; les résultats furent excellents.

« Nous continuerons à réaliser des expériences de
ce genre dans tout le pays, au niveau local et dans les
différents domaines de l'agriculture, jusqu'à ce que nous
ayons l'idée la plus exacte possible de ce que nous
pouvons produire, en cas de nécessité, sans une goutte
— ou avec le minimum absolu — d'essence. (Applaudissements.)

« Nous avons décidé d'étendre ces activités, sous
d'autres formes, à l'ensemble de la province d'Oriente.
Le travail a été soigneusement préparé par tous les
organismes civils de l'Etat, sous la direction du Parti
et avec les conseils techniques des officiers des Forces
Armées...

« Notre objectif est de réaliser un contrôle parfait

de toutes les ressources de la province — main-d'œuvre et équipement — et leur utilisation plus rationnelle...

« Quatre-vingt-treize mille personnes ont été mobilisées, sur une base volontaire, pour trente jours, afin de travailler dans l'agriculture. Pendant ce temps, les ouvriers chargés de faire fonctionner l'usine en temps de guerre ont maintenu la production dans les usines et les ateliers. Tous ces groupes de travailleurs ont été organisés en escouades, pelotons, compagnies et bataillons de Défense Civile...

« A la sonnerie des sirènes, le 1er avril à 6 heures du matin, 93 000 travailleurs se sont rassemblés en des points prévus d'avance, entourés de foules enthousiastes venues les voir partir. Avec une précision d'horloge, les ouvriers se sont rendus sur le lieu du travail, comme s'ils formaient une grande armée, dans des caravanes de camions parfaitement organisées, avec leurs itinéraires, leurs horaires, des contrôleurs de la circulation, etc. Il n'y eut aucun accident. »

Cette mobilisation d'un type particulier avait évidemment un caractère expérimental ; son but principal était de mettre à l'épreuve certaines mesures d'urgence prévues en cas de guerre. Cependant, un peu plus loin, dans le même discours, le ministre des Forces Armées a fait comprendre qu'elle était également un prototype pour d'autres mobilisations à venir, dans tout le pays :

« Nous pensons que ce type de mobilisation en vue d'un travail productif, réalisée dans le cadre du système de Défense Civique, sa discipline et sa direction militaire... seront imités l'année prochaine au moins dans trois provinces. (Applaudissements.) Nous pensons aussi que la gigantesque bataille de toute la nation, en 1970, pour dix millions de tonnes de sucre et pour le développement du cheptel, sera menée dans tout le pays sur la base des principes appliqués pendant le mois Giron. Pour être plus explicite : l'année prochaine, il y aura des mois Giron à Oriente, Camagüey et Las Villas.

(Applaudissements.) Et, avec plus d'expérience, en 1970, à l'occasion de la récolte des dix millions de tonnes de sucre, nous mènerons à bien... un exercice d'entraînement massif, dans les six provinces du pays, avec la participation de tout le peuple. » (Applaudissements.)

Une autre indication de la semi-militarisation du travail agricole est la création, au printemps de 1968, de la « Colonne de la Jeunesse du Centenaire » (*Youth Centennial Column*), dont le but initial était d'envoyer 50 000 jeunes gens travailler dans les champs de Camagüey. En principe, la « Colonne » se compose de volontaires qui signent un engagement de trois ans, remplaçant le service militaire obligatoire. La Colonne est organisée selon les principes militaires ; ses dimensions et son champ d'action doivent s'étendre au cours des prochaines années. Selon un éditorial de *Granma* du 23 juin :[4]

« Lorsque notre travail sera terminé pour cette année, nous organiserons d'autres détachements de la Colonne de la Jeunesse du Centenaire dans les autres provinces. Notre but est de compter 100 000 jeunes l'année prochaine et de participer à la récolte 1970 des dix millions de tonnes de sucre avec cette force de travail expérimentée et bien organisée. Cent mille représentants des traditions d'héroïsme de notre jeunesse auront à cœur d'entreprendre cette tâche pour l'honneur de la Révolution. »

Nous pourrions citer d'autres signes et symptômes de la tendance à la semi-militarisation de l'agricul-

---

4. Le même éditorial reproche à « une petite minorité de recruteurs et d'organisateurs » de la Colonne, de n'avoir pas accepté le principe de l'enrôlement volontaire. On ne donne aucun détail, mais on peut penser que dans l'atmosphère qui a présidé au lancement de l'offensive révolutionnaire, un certain nombre de membres du Parti Communiste et de la Ligue Communiste de la Jeunesse ont montré plus de zèle à rassembler les « fainéants » et les « contre-révolutionnaires » qu'à appliquer à la lettre les directives officielles.

ture — et très probablement, quoi qu'à un moindre degré, des autres branches de l'économie — mais pour notre présente démonstration, ce n'est pas nécessaire. Ceux qui ont visité Cuba récemment, ou qui lisent régulièrement la presse cubaine, ne peuvent mettre en doute l'existence de cette tendance. Elle prend sa source dans la nécessité de combattre l'un des héritages les plus pernicieux et en même temps les plus indéracinables du passé : l'absence de bonnes habitudes de travail dans la majorité de la population cubaine. A long terme, naturellement, la militarisation n'est pas une solution à ce problème : elle n'est que la substitution d'une nouvelle forme de coercition extérieure, à l'ancienne forme qui était la menace de la famine. La solution durable est de communiquer à la masse du peuple une attitude totalement nouvelle à l'égard du travail, une attitude positive qui consiste à considérer le travail, soit comme une méthode agréable de développement de l'énergie physique et morale, soit, dans la mesure où cela s'avère impossible, comme un service que chacun doit à la société et à lui-même, en tant que membre responsable de cette société.

Nous reviendrons là-dessus un peu plus loin ; mais tout d'abord, nous voulons qu'une chose soit claire : il n'est pas réaliste de critiquer la tendance actuelle à des formes paramilitaires d'organisation du travail au nom des principes abstraits de liberté et d'anti-militarisme. Ce domaine du travail, pour la Révolution cubaine, est une question de vie ou de mort. Ou bien elle trouvera les moyens de sortir du sous-développement et de jeter les bases d'un progrès économique indépendant, ou bien elle dégénérera tôt ou tard et le vieux système capitaliste de sous-développement sera restauré. Et pour sortir du sous-développement, rien n'est, ni ne pourrait être plus important en ce moment qu'une utilisation plus complète de la main-d'œuvre disponible. Il s'ensuit que les dirigeants révolutionnaires doivent prendre les mesures qu'ils jugeront les plus appropriées pour assurer cette plus complète utilisation. Tous ceux qui désirent critiquer telle ou telle mesure doivent, par conséquent, être prêts à démontrer qu'elle est en fait inappropriée et inefficace et qu'une autre mesure donnerait d'aussi bons résultats ou de meilleurs.

2. En ce qui concerne la solution à long terme du problème — la création d'un nouvel état d'esprit envers le travail — ce qu'écrivit l'économiste soviétique Preobrajensky, il y a plus de quarante ans, reste valable aujourd'hui : « Les stimulants socialistes au travail ne tombent pas du ciel, ils doivent être créés au moyen d'une patiente rééducation de la nature humaine, formée dans le cadre de l'économie de marché. Cette rééducation doit se faire dans l'esprit des nouveaux rapports collectifs de production. »[5] Les dirigeants cubains sont conscients de cela, et aussi du fait qu'audelà d'un certain âge la grande majorité des gens ne changera plus ses habitudes et ses conceptions, quelle que soit la rééducation dont ils aient pu être l'objet. C'est pourquoi les espoirs pour l'avenir se concentrent sur la jeune génération, celle qui est arrivée à maturité après la victoire de la Révolution. Notant que les « vieilles idées » de la société capitaliste n'ont pas encore disparu, Fidel a déclaré, dans son discours du 26 juillet 1967 :

« La Révolution a chassé de l'esprit de l'ensemble du peuple beaucoup de ces idées, mais c'est précisément dans les cerveaux vierges de la nouvelle génération qui s'est développée avec la Révolution que nous trouvons les traces les plus faibles de l'idéologie du passé. C'est en eux que nous pouvons apercevoir le plus clairement les idées révolutionnaires... Aussi nous

---

5. E. Preobrajensky, « les Nouvelles Economies », traduction B. Pearce (New York : Oxford University Press, 1965), p. 193. (La première édition russe a été publiée en 1926.)

pouvons affirmer qu'une masse immense, celle des centaines de milliers de jeunes de ce pays, commence à s'habituer à des conceptions entièrement nouvelles et s'en inspire dans le travail. Une masse énorme de centaines de milliers de jeunes est capable de produire deux fois ou trois fois plus que les ouvriers traditionnels. Et ces jeunes le font, non avec l'idée que leur travail va permettre de résoudre leurs problèmes personnels, mais avec la ferme conviction qu'il permettra une solution définitive des problèmes de toute la société. »

Beaucoup a été fait pour inculquer ce nouveau stimulant, le sens du devoir, à toute la communauté. Presque chaque discours de Fidel et des autres dirigeants de la Révolution est bâti sur ce thème. Et tous les moyens d'information — journaux, radio, télévision, panneaux, affiches — font écho aux paroles des dirigeants. Les efforts ne se limitent pas à des activités purement éducatives ou de propagande. Dans le cadre du programme appelé « L'école va à la campagne », les enfants des grandes et des petites villes passent six semaines par semestre à travailler dans l'agriculture, tout en continuant leurs études au ralenti. L'un des buts de ce vaste programme est, bien entendu, purement économique : augmenter la quantité de main-d'œuvre agricole. Mais ses objectifs politiques et sociaux ne sont pas moins importants : habituer les citadins à travailler dur de leurs mains, les plonger dans la pratique de la vie collective et du travail non payé pour le bénéfice de la communauté, réduire le fossé traditionnel entre le travail manuel et le travail intellectuel. Nous avons visité un certain nombre de camps organisés par « L'école va à la campagne », dans la Ceinture Verte de La Havane (la plupart d'entre eux disposent maintenant de baraquements permanents), et nos impressions ont été totalement positives. Les enfants paraissaient heureux et en bonne santé. Toutes les personnes à qui nous avons parlé ont indiqué que l'expérience donnait réellement les résultats escomptés.

D'autres expériences à grande échelle, de vie et de travail communistes (ou à tout le moins pré-communistes), sont en cours, particulièrement dans l'île des Pins, qu'on appelle aussi l'île de la Jeunesse. Des dizaines de milliers de jeunes se sont portés volontaires pour s'y rendre pendant une période de deux ans. Ils vivent en communauté, reçoivent gratuitement presque tout ce dont ils ont besoin et travaillent pour transformer l'île, comme le prévoit le plan, en une des plus grandes entreprises mondiales de production de citrons. Nous n'avons pas pu visiter l'île des Pins, mais nous pouvons nous faire l'écho de l'opinion recueillie auprès d'observateurs informés, qui nous ont dit que tout s'y passait très bien et que les jeunes faisaient preuve d'enthousiasme et d'application.

Il ne serait pas juste de dire que tous les jeunes Cubains sont de bons révolutionnaires et qu'ils réagissent tous favorablement aux efforts entrepris par le régime pour changer l'état d'esprit du peuple à l'égard du travail. Il y a des opposants, des fainéants et des délinquants parmi la jeunesse,[6] et bien entendu, ceux qui font ce qu'on leur demande sans avoir de fortes convictions et sans être réellement concernés. En fait, on peut dire sans risque de se tromper que si la grande majorité des jeunes est favorable à la Révolution, les militants dévoués sont encore une minorité.

Il est trop tôt pour faire des prédictions. La refonte des habitudes et de l'état d'esprit de l'homme ne peut être, au mieux, qu'un lent processus à propos duquel

---

6. Nous n'avons pas trouvé de statistiques sur le crime et la délinquance. Les observateurs les plus expérimentés ont l'impression que si le pourcentage des crimes violents (attaques à main armée, meurtres) est très bas, on ne peut en dire autant des vols et des cambriolages. L'extrême pénurie de biens de consommation constitue naturellement un stimulant permanent à ce genre de délits.

il n'existe qu'une expérience scientifique très limitée. Il est même difficile de découvrir si des progrès sont réalisés ou non. Tout ce que l'on peut dire avec certitude, c'est qu'à la différence de la plupart des autres pays socialistes — la Chine étant naturellement la grande exception — Cuba adhère sincèrement à l'idée selon laquelle « la grande tâche de la Révolution est fondamentalement la tâche de former l'homme nouveau... un homme doté d'une véritable conscience révolutionnaire, d'une véritable conscience socialiste, d'une véritable conscience communiste. »[7] Plus loin, dans le même discours, Fidel a dit :

« Nous devons utiliser notre intelligence politique pour créer l'opulence. Offrir à l'homme des avantages matériels pour lui faire faire plus que son devoir, c'est acheter sa conscience avec de l'argent. Lui donner la possibilité de participer au progrès général en lui faisant comprendre qu'en produisant davantage il travaille pour toute la société, c'est transformer en richesses la conscience politique.

« Comme nous l'avons dit déjà, le communisme ne peut certainement pas être instauré si l'on ne crée pas d'abondantes richesses. On ne peut y parvenir, à notre avis, en créant la conscience politique avec de l'argent ou des avantages matériels, mais en créant la richesse au moyen de la conscience politique, de plus en plus de richesses avec une conscience politique de plus en plus collective.

« Le chemin n'est pas aisé. La tâche est difficile et beaucoup de gens nous critiqueront. Ils nous traiteront de petits bourgeois, d'idéalistes. Ils diront que nous sommes des rêveurs, que nous sommes voués à l'échec. Mais les faits nous donneront raison ; la vie nous donnera raison. Notre peuple nous donnera raison et nous appuiera. Nous savons que tout notre peuple est capable

---

7. Discours de Fidel à Las Villas, 26 juillet 1968.

de comprendre où mène notre route et de la suivre. »

Seule, l'histoire dira si Fidel a raison. En attendant, il est évident que la Révolution ne peut compter exclusivement sur les stimulants moraux et politiques. Maintenant qu'elle a renoncé à la méthode des stimulants matériels, elle devra avoir recours à la discipline et à l'organisation ; à ce que nous avons appelé la semi-militarisation du travail.

Pendant combien de temps faudra-t-il suivre cette voie ? Cela dépend de beaucoup de choses, dont la plus importante sera peut-être la rapidité avec laquelle les grands efforts de ces dernières années se matérialiseront par une production accrue de biens de consommation et une élévation du niveau de vie général.

Si le peuple arrive à se convaincre que produire pour la communauté ne représente pas seulement des espoirs pour l'avenir, mais des bénéfices tangibles dont il peut profiter, modifier l'état d'esprit vis-à-vis du travail deviendra une tâche beaucoup plus aisée.

CHAPITRE IX

L'UTILISATION DES RESSOURCES

Sous le capitalisme, tous les individus recherchent consciemment et délibérément leur propre intérêt, mais leur comportement social et économique devient la loi aveugle du marché, qui produit, aggrave et perpétue tous les maux effrayants du système capitaliste : division de la société, à la fois sur le plan individuel et sur le plan national, en riches exploiteurs et pauvres exploités ; sous-alimentation ou famine complète pour la grande majorité des peuples du monde ; dépressions périodiques et chômage massif ; guerres de répression et de conquête. La critique marxiste du capitalisme cherche à montrer comment ce qui n'est, pour l'individu, qu'une conduite strictement rationnelle, produit, pour la société, des conséquences totalement irrationnelles. Elle cherche à mettre à nu le fonctionnement interne de ce processus et à démontrer qu'il est inévitable, aussi longtemps que le capitalisme continue d'exister.

La conclusion logique de la critique marxiste est que l'homme ne doit pas abandonner son destin plus longtemps aux forces aveugles du marché, qu'il doit renverser le système qui condamne chaque individu à rester isolé, et le remplacer par un système dans lequel une société de producteurs, conscients de leurs intérêts, assume le contrôle direct des ressources humaines et matérielles et planifie leur utilisation pour atteindre des buts humainement valables. Historiquement, la tâ-

che de cette critique n'a pas été de prescrire à l'avance
le *modus operandi* de cette nouvelle société, d'inventer
— pour reprendre les termes de Marx — les recettes
pour les cuisines de l'avenir. Ce fut la préoccupation
des socialistes et des communistes utopiques de l'époque pré-marxiste et elle n'a servi qu'à détourner l'attention de la principale tâche et responsabilité des socialistes et des communistes : mener une lutte victorieuse
pour renverser l'ordre capitaliste irrationnel.

Il arriva ainsi que le mouvement révolutionnaire
marxiste eut une vue claire de l'objectif à atteindre
— une société égalitaire sans classes, une société d'abondance pour tous, une société au sein de laquelle chacun
sera libre et capable de se développer pleinement en
tant qu'être humain — mais peu d'idées sur les moyens
d'y parvenir. Ceci n'est pas une critique : une connaissance valable de ces moyens ne pouvait être basée
que sur l'expérience vivante. Celle-ci manquait et ne
pouvait être remplacée par de pures et simples spécu-
lations. Dans ces conditions, il n'est pas surprenant que
les révolutionnaires aient eu tendance à affirmer, afin
de mieux servir leurs objectifs de propagande, que les
problèmes posés par la direction d'une société socialiste planifiée serait fondamentalement simples. La plus
difficile était de prendre le pouvoir : ensuite cela irait
tout seul. C'est ainsi que Lénine écrivit, dans *L'Etat
et la Révolution* :

« Si *tous* participent réellement à la gestion de
l'Etat, le capitalisme ne peut plus se maintenir. Et le
développement du capitalisme crée à son tour les *prémisses* nécessaires pour que réellement « tous » *puissent*
participer à la gestion de l'Etat. Ces prémisses sont,
entre autres, l'instruction générale déjà réalisée par
plusieurs pays capitalistes les plus avancés, puis « l'éducation et la formation à la discipline » de millions d'ouvriers par l'appareil socialisé, immense et complexe,

que sont la poste, les chemins de fer, les grandes usines, le gros commerce, les banques, etc.

« Avec de telles prémisses *économiques*, on peut très bien, après avoir renversé les capitalistes et les fonctionnaires, les remplacer aussitôt, du jour au lendemain, en ce qui concerne le *contrôle* de la production et de la répartition, en ce qui concerne le *recensement* du travail et des produits, par les ouvriers armés, par le peuple armé tout entier...

« Recensement et contrôle, voilà *l'essentiel* pour l'organisation, pour le fonctionnement régulier de la société communiste dans sa *première phase*. Ici, *tous* les citoyens se transforment en employés salariés de l'Etat, constitué par les ouvriers armés. *Tous* les citoyens deviennent les employés et les ouvriers *d'un seul* « cartel » du peuple entier, de l'Etat. Le tout est d'obtenir qu'ils travaillent dans la même mesure, observent exactement la même mesure de travail et reçoivent dans la même mesure. Le recensement et le contrôle dans tous les domaines ont été *simplifiés* à l'extrême par le capitalisme, qui les a réduits aux opérations les plus simples de surveillance et d'enregistrement, à la délivrance de reçus correspondants, toutes choses à la portée de quiconque sait lire et écrire et connaît les quatre règles d'arithmétique.

« Quand la *majorité* du peuple procèdera par elle-même et partout à ce recensement, à ce contrôle des capitalistes (transformés alors en employés) et de messieurs les intellectuels qui auront encore conservé des habitudes capitalistes, ce contrôle deviendra vraiment universel, général, national, et nul ne saura plus s'y soustraire ; « il n'y aura plus moyen d'y échapper ».

« Toute la société ne sera plus qu'un grand bureau et un grand atelier avec égalité de travail et égalité de salaire. »

En écrivant ce passage, Lénine pensait davantage

---

1. Voir chapitre V.

aux pays capitalistes avancés qu'à la Russie arriérée. Cependant, à la lumière d'un demi-siècle d'expérience de planification socialiste dans plus d'une douzaine de pays, il apparaît clairement que sa vision globale de la société capitaliste : une grande entreprise dirigée par de simples techniques administratives, n'était pas conforme à la future réalité. L'économie n'est pas « un grand bureau et un grand atelier » ; même à Cuba, qui n'est qu'un petit pays, il y a des milliers de bureaux et d'ateliers. Et si l'on veut éviter le chaos et obtenir les résultats désirés, il faut coordonner l'activité de ces éléments par des méthodes qui ne feront jouer qu'un rôle très secondaire aux opérations « de surveillance, d'enregistrement et de délivrance de reçus ».

Dans le système capitaliste, un mécanisme assure cette coordination : le marché. C'est un mécanisme subtil et compliqué qui s'est développé pendant une période de plusieurs siècles. Il a été l'objet d'une étude théorique et empirique intensive à partir du XVIIe siècle. (Il n'est pas exagéré de dire que le fondement de la science économique bourgeoise n'est rien d'autre que la théorie du fonctionnement de ce mécanisme.) Le problème auquel dut faire face la nouvelle société socialiste née de la Révolution russe de 1917 était de trouver un mécanisme de coordination susceptible de remplacer le marché ; un mécanisme correspondant aux exigences et aux objectifs du socialisme auquel nous avons fait plus haut allusion.

Nous ne pouvons faire ici l'historique de la recherche d'une solution à ce problème, d'abord en Union Soviétique et plus tard dans les autres pays qui rompirent avec le capitalisme après la seconde guerre mondiale. Qu'il nous suffise de dire que l'Union Soviétique des années 1920, qui venait de subir les dévastations épouvantables de la grande guerre et de la guerre civile, était trop affaiblie pour se lancer dans de grandes innovations sociales. Aux termes de la Nouvelle Politique Economique, adoptée sur ordre de Lénine en

1921, on laissa le marché jouer son rôle traditionnel de coordination pendant ce qui était considéré comme une période de récupération. Dans les campagnes, où vivait et travaillait la grande majorité de la population, le capitalisme devint bientôt florissant. Il était évident que, si on le laissait se développer librement, il serait en mesure au bout de quelques années de menacer le pouvoir des bolcheviks. C'est à ce moment critique que Staline commença ce que l'on a appelé à juste titre une seconde révolution, cette fois-ci par le sommet. Les *Koulaks*, capitalistes ruraux aisés et prospères, furent liquidés ; l'agriculture fut collectivisée et passa sous le contrôle de l'Etat ; on lança le premier plan quinquennal pour l'industrialisation du pays.

Ceci fut le début de l'expérience soviétique, consistant à substituer au marché la planification bureaucratique et centralisée, en tant que mécanisme de coordination de toute l'économie. Non que le marché ait totalement disparu : les paysans des fermes collectives furent autorisés à conserver des parcelles particulières et à vendre leurs produits aux consommateurs, dans le cadre d'un marché relativement libre. Mais, dans la mesure où elles étaient concernées, les fermes collectives, les fermes d'Etat, et, dans les autres branches de l'économie, les entreprises nationalisées, devaient prendre leurs décisions, non en fonction du principe de l'offre et de la demande de l'économie de marché, mais en fonction des directives détaillées émanant du Conseil de Planification de l'Etat à Moscou. Ces directives, à leur tour, résultaient d'un processus compliqué : les organismes économiques locaux et régionaux soumettaient des propositions qui montaient à Moscou par la voie hiérarchique. Au passage, elles étaient souvent modifiées. Finalement, elles étaient mises en forme et coordonnées par la Direction du Plan, qui en faisait un ensemble cohérent. Les directives redescendaient alors par les mêmes voies. Elles étaient des plans d'action obligatoires (couvrant technologie, main-d'œuvre, investissements, niveau de la production et des ventes, etc.) pour toutes les unités de l'économie socialisée.

Les buts réels de Staline étaient d'industrialiser le pays et d'élever son potentiel de défense face aux menaces nazies et japonaises et non de réaliser les buts historiques du mouvement socialiste. Dans ces deux domaines, le nouveau système de planification a donné de brillants résultats, si brillants en vérité que l'on en vint à considérer généralement la méthode soviétique de planification comme aussi naturelle à un régime socialiste que le marché l'est à un régime capitaliste. Et, quand le socialisme s'étendit à de nouveaux pays après la seconde guerre mondiale, ceux-ci adoptèrent tous, aussi bien en Europe de l'Est qu'en Asie, un système de planification étroitement modelé sur celui de l'U.R.S.S.

Il ne fallut pas attendre longtemps, toutefois, pour que les défauts de ce régime de planification centralisée se manifestent au grand jour. Ils étaient essentiellement de deux sortes, que l'on peut appeler, en gros, économiques et politiques. Sur le plan économique, le système était trop rigide pour tenir compte des changements technologiques ; il fournissait des marchandises et des services de qualité médiocre ; il ne tenait pas compte des besoins des consommateurs et, surtout, il ne réussit pas à développer un ensemble cohérent de critères permettant de juger la rationalité de l'utilisation des ressources par les diverses unités de l'économie. De ce fait, il aboutit à un accroissement incontrôlé du gaspillage et de l'inefficacité. Sur le plan politique, il s'appuyait sur la bureaucratie et la développait, à tous les niveaux. Il utilisait les stimulants matériels pour inciter les ouvriers à travailler et les directions d'entreprises, à remplir et si possible, à dépasser les objectifs du plan. Pour ces deux raisons, le système accentuait les inégalités sociales et matérielles, creusait un fossé de plus en plus profond entre une couche privilégiée et les masses, engendrait le cynisme à l'égard des idéaux et des buts du socialisme. Il plaçait des obstacles apparemment insurmontables sur le chemin du progrès vers le genre de société pour lequel les socialistes révolutionnaires avaient toujours combattu.

A la lumière de tous ces défauts — et la liste est loin d'être complète — il devint de plus en plus évident, et pas seulement en Union Soviétique, que des changements radicaux étaient indispensables.

Dans tous les pays socialistes d'Europe orientale, Yougoslavie en tête, la réforme consista à s'appuyer davantage sur le marché, avec ses disciplines automatiques et ses critères de rentabilité. Nous ne voulons pas examiner ici cette conception. Notons seulement qu'elle implique une tentative d'utiliser les méthodes capitalistes pour parvenir à des buts socialistes. A notre avis, c'est une insurmontable contradiction : à la longue, les méthodes capitalistes créeront et serviront leurs propres objectifs, capitalistes. Sur le plan pratique, les réformes n'en sont encore, sauf en Yougoslavie, qu'à leur premier stade, et il est trop tôt pour juger de leur efficacité. On peut dire toutefois que ni l'exemple de la Yougoslavie, ni les résultats obtenus jusqu'ici dans les autres pays, ne permettent de penser qu'une confiance accrue dans le marché offre la moindre possibilité de sortir du dilemme dont nous avons parlé. Politiquement, au contraire, elle accentue et multiplie les maux inhérents au système de planification bureaucratique centralisée. Et il n'est pas prouvé qu'elle apporte sur le plan économique des bénéfices de quelque importance.[2]

---

2. Sur l'Union Soviétique, voir « Réalisations économiques soviétiques : 1966-1967 », matériaux préparés pour la sous-commission de Politique internationale du Comité Economique Général du Congrès des Etats-Unis, mai 1968. On peut affirmer que les rédacteurs de ce rapport étaient désireux de souligner des succès dus à une plus grande utilisation du marché. En vérité, ils expriment pour l'avenir un optimisme considérable. Mais les résultats, deux ans après la mise en œuvre des réformes, sont loin d'être impressionnants.

Il y avait un autre moyen de réformer l'ancien système de planification bureaucratique centralisée. Il consistait à établir une plus grande décentralisation et davantage de souplesse, *sans* assigner au marché un rôle important. Cela signifie qu'aux niveaux régional et local, des responsabilités plus étendues et une plus grande indépendance, sont données aux organismes et aux individus. Et comme ceux-ci ne sont pas soumis aux règles et aux disciplines automatiques du marché, il s'ensuit que le succès dépend dans une large mesure de la façon dont les dirigeants, de haut en bas, utilisent leurs pouvoirs pour parvenir aux buts sociaux recherchés. L'adoption de cette conception exige que l'accent soit mis sur l'élévation du niveau de la conscience sociale des travailleurs et des dirigeants responsables, afin qu'ils aient la volonté de servir les intérêts de l'ensemble du peuple et non leurs intérêts privés ou ceux de leur petit groupe.

C'est cette seconde voie qu'a choisie la Chine, après être parvenue à la conclusion, dans le milieu des années 1950, que sa décision initiale de copier le système soviétique avait été une erreur. Elle a contribué largement à assurer la continuation des efforts entrepris sous la direction de Mao Tsé-toung en vue d'enseigner au peuple chinois les objectifs et les valeurs classiques du socialisme : les diverses campagnes de rectification des années 50, le mouvement d'éducation socialiste du début des années 60 et, plus récemment, et de loin à une plus grande échelle, la Grande Révolution Culturelle Prolétarienne, qui se déroule maintenant depuis plus de deux ans. Le lien entre le système chinois de planification et la Révolution Culturelle est bien souligné dans les observations faites par l'un des rares économistes des pays capitalistes qui ait visité la Chine récemment. Selon une lettre adressée au rédacteur en chef du *Scientific American* par Bruce Mac Furlane, de l'Université Nationale d'Australie (Canberra) :

« L'inconvénient du système chinois est que, sans

mécanisme libre des prix, il n'y a aucune « discipline du Yuan », aucun contrôle de l'efficacité de la direction de l'économie. C'est pourquoi l'aspect « stimulants moraux » a eu une telle importance pendant la Révolution culturelle. Au lieu d'inciter, par des avantages matériels, les responsables à se conduire rationnellement (comme dans le système Liberman en U.R.S.S.), on demande à ceux-ci d'avoir une « bonne » attitude vis-à-vis de la société et on les soumet à la discipline des assemblées populaires.[3] »

D'un certain point de vue, Mac Farlane pourrait bien avoir raison d'appeler ce trait caractéristique du système chinois un « inconvénient ». De nombreux dirigeants de l'économie chinoise ont été promus avant la Révolution. On peut difficilement attendre d'eux qu'ils surmontent complètement l'état d'esprit asocial ou antisocial qu'a engendré la vieille Chine féodale et capitaliste. Il n'y a aucun doute qu'ils n'agissent pas toujours, loin de là, dans l'intérêt le mieux compris de la société. Et comme dans de nombreux domaines on ne leur donne pas de directives objectivement déterminées, comparables à celles que fournit le marché (ou à tout le moins qu'il est censé fournir), ils peuvent très bien ne pas comprendre ce qu'il faut faire pour agir dans l'intérêt de la société, même en supposant qu'ils en aient réellement le désir. Il est donc certain que le régime chinois laisse une large place à l'inefficacité et au gaspillage dans l'utilisation des ressources. Mais en même temps, il faut dire que, comparé au procédé qui consiste à avoir recours au marché, il a une vertu suprême : la méthode qu'il emploie est compatible avec les buts qu'il cherche à atteindre et il serait même plus juste de dire qu'elle en est indissociable. Car, après tout, l'objectif réel du socialisme est de refondre la « nature » humaine, pour créer un « homme

---

3. « Scientific American », août 1968, p. 6.

socialiste » capable de vivre avec ses semblables dans une communauté vraiment humaine. Et c'est précisément un tel homme qui est le plus susceptible de faire fonctionner le système chinois sans à-coups et efficacement.

Cuba a rejoint le camp socialiste brusquement, sans aucune préparation, sous la pression du cas de « force majeure » que constituait l'agression économique des Etats-Unis. Presque personne dans le pays n'avait eu une expérience directe de la planification économique et rares étaient ceux qui avaient même étudié l'expérience des autres pays. Il était donc tout à fait normal que lorsque le gouvernement révolutionnaire s'est trouvé subitement confronté à la nécessité de réorienter l'économie du pays et d'en diriger la plus grande partie qui venait d'être nationalisée, il ait recherché l'aide et l'assistance de l'Union Soviétique et des autres pays d'Europe orientale qui étaient venus à son secours lorsque les Etats-Unis cessèrent d'acheter le sucre cubain. Les dirigeants révolutionnaires suivirent ce chemin avec un enthousiasme à la mesure de leurs sentiments de reconnaissance envers l'U.R.S.S. A ce moment-là, ils eurent tendance à penser qu'elle était l'incarnation de la vertu et de la sagesse socialistes. Plus tard, bien entendu, ils révisèrent leur jugement à ce sujet, mais ceci ne doit pas nous faire perdre de vue la situation qui existait réellement en 1960.

En pratique, c'est par la Tchécoslovaquie que le système de planification atteignit Cuba. Ce sont d'abord des techniciens et des instructeurs tchécoslovaques qui se chargèrent de conseiller les Cubains et de guider leurs premiers efforts en vue de concevoir et de mettre en œuvre un plan économique. Dans *La Transformation Economique de Cuba*, Edward Boorstein nous a donné une description vécue et vivante de ces premiers pas.[4]

---

4. Voir spécialement le chapitre 5, « L'introduction à la planification ».

Malheureusement, on ne dispose pas d'un compte rendu comparable de la déception de Cuba vis-à-vis du système soviétique, et de sa recherche, qui est loin d'être achevée, de méthodes susceptibles de diriger l'économie nationale en tenant compte davantage des aspirations et des traditions du pays.

Nous savons qu'un débat s'est instauré en 1963 et 1964 dans la presse économique cubaine autour de deux problèmes d'une importance cruciale, concernant la nature du système de planification.[5] L'un d'eux est le degré d'autonomie financière des entreprises individuelles, et l'autre, celui du choix entre les stimulants matériels et les stimulants moraux. Les deux principaux protagonistes du débat furent d'un côté Che Guevara et de l'autre Carlos Rafaël Rodriguez, l'un des dirigeants du Parti Communiste d'avant la Révolution, le « Parti Socialiste Populaire ». Comme les idées de Che finirent par l'emporter, il nous paraît utile de citer longuement le résumé de sa position, présenté par Ernest Mandel :

« L'industrie nationalisée à Cuba était en grande partie organisée selon le système des trusts (*empresas consolidadas*) par branche d'industrie, assez comparable à celui qui a servi de modèle à l'organisation de l'industrie soviétique pendant toute une période. Le financement de ces trusts se faisait par le budget ; le contrôle financier s'effectuait au niveau des ministères (celui de l'Industrie et celui des Finances). La banque ne jouait qu'un rôle d'intermédiaire d'importance secondaire.

« Un des objectifs pratiques de la discussion économique de 1963-1964 était donc celui, soit de défendre ce système d'organisation — ce fut le cas du camarade

---

5. Voir Ernest Mandel, « Le grand débat économique », « Partisans », avril-juin 1967. Une bibliographie partielle du début peut être constituée sur la base des notes et des références de Mandel.

Guevara et de ceux qui ont appuyé en gros ces thèses —,
soit de le remplacer par un système d'autonomie financière des entreprises (ce qui rejoint le principe de la
rentabilité individuelle de celles-ci — thèse défendue
par Carlos Rafaël Rodriguez et plusieurs intervenants
dans le débat.

« La position du Che Guevara paraissait assez prag-
matique en l'occurrence. Il n'affirmait pas que la gestion centralisée était un idéal en soi, un modèle à
appliquer partout et toujours. Il défendait simplement
l'idée que l'industrie cubaine d'aujourd'hui pouvait
être gérée de cette manière, de la manière la plus
efficace. Les arguments avancés furent essentiellement
ceux-ci : nombre réduit d'entreprises (moins que dans
la seule ville de Moscou en U.R.S.S. !) ; nombre encore plus réduit de cadres industriels et financiers capables ; moyens de télécommunication assez développés,
largement supérieur à ceux d'autres pays connaissant
un niveau de développement des forces productives
comparable à celui de Cuba ; nécessité d'une très stricte
économie des ressources et de contrôle sur ceux-ci, etc.

« La plupart des arguments d'ordre général qu'on
lui a opposés étaient sans rapport avec l'état de fait
ainsi décrit...

« Mais certains adversaires des thèses du Che Guevara lièrent la question de l'efficacité majeure de la
gestion décentralisée (et de l'autonomie financière qui
s'y rattache) à celle des stimulants matériels. Des entreprises obligées d'être rentables, ce sont des entreprises
qui doivent soumettre toutes leurs opérations à un
calcul économique très strict, et qui peuvent, de ce
fait, utiliser les stimulants matériels de manière beaucoup plus large, intéressant directement les travailleurs
à l'accroissement de la productivité du travail, à l'amélioration de la rentabilité de l'entreprise (par exemple
par l'économie des matières premières) et au dépasse-
ment des objectifs du plan.

« A ce propos encore, la réponse du Che Guevara est essentiellement pratique. Il ne rejette point la nécessité d'un calcul économique strict dans le cadre du plan. Il ne rejette pas non plus l'emploi des stimulants matériels. Mais il subordonne cet emploi à deux conditions. D'abord, il faut choisir des formes de stimulants matériels qui ne réduisent pas la cohésion interne de la classe ouvrière, qui ne dressent pas les travailleurs les uns contre les autres ; c'est pourquoi il préconise un système de primes collectives (d'équipes ou d'entreprises, plutôt qu'un système de primes individuelles). Ensuite, il s'oppose à toute généralisation abusive des stimulants matériels, parce qu'il craint leurs effets désagrégateurs sur la conscience des masses.

« Il désire éviter que toute la société ne soit saturée d'un climat d'égoïsme et de poussée à l'enrichissement individuel. Cette préoccupation s'inscrit dans la tradition de Marx, et surtout dans celle de Lénine qui, s'il comprenait que l'emploi de stimulants matériels est inévitable à l'époque de transition du capitalisme au socialisme, soulignait en même temps les risques de corruption et de démoralisation qui résulteraient fatalement de l'emploi de ces stimulants, et appelait le parti et les masses à combattre vigoureusement ce péril. »[6]

Ce résumé montre clairement que la préoccupation réelle du Che n'était pas d'obtenir le maximum d'efficacité, mais plutôt de rechercher un système d'organisation économique susceptible de favoriser, et non d'empêcher le développement d'une conscience et d'un comportement socialistes. Dans ce sens, sa pensée s'apparente plus ou moins à celle de la direction maoïste de la Chine. (Ceci ne signifie pas que le Che était influencé directement par les Chinois : il serait plus logique de dire que lui et eux étaient tous deux influencés par Marx et Lénine.)

6. Ibid., pp. 26-27.

A la fin de 1964, Che cessa de jouer un rôle personnel dans l'économie cubaine (à l'automne, il représenta Cuba aux Etats-Unis, puis il fit un voyage dans plusieurs pays africains et finalement, en avril 1965, il quitta Cuba pour rejoindre ailleurs les luttes révolutionnaires). Ses idées demeuraient, toutefois, et le débat dans lequel il avait joué un rôle si prédominant semble avoir continué dans les coulisses. Nous saurons peut-être un jour toute la vérité sur les événements survenus au cours de cette période, mais pour le moment, nous n'avons que très peu d'informations sûres. Nous savons, bien entendu, que c'est au cours de ces années qu'intervinrent des changements fondamentaux dans la structure des institutions politiques et économiques, et que fut adoptée la nouvelle stratégie de développement économique, donnant la priorité à la canne à sucre et à l'élevage.[7] Mais nous ignorons les raisons pour lesquelles la position du Che dans le débat économique de 1963-1964 ne devint que beaucoup plus tard la position officielle du gouvernement. Même en août 1966, dans un discours au Congrès des Syndicats, Fidel Castro disait encore que sur un grand nombre de questions, y compris celles des « stimulants moraux ou des stimulants matériels », il avait ses opinions personnelles, mais qu'il ne voulait pas « profiter de l'influence due à ses fonctions » pour les imposer. Ces questions, affirmat-il, seront tranchées par le premier Congrès du Parti, qu'il promit de convoquer au plus tard dans un an. Mais jusqu'à présent, aucun congrès du Parti n'a eu lieu, et Fidel ne resta pas longtemps sur la réserve. On peut affirmer qu'avant la fin de l'année 1966, la ligne officielle a été fermement établie en faveur des « stimulants moraux », et que cette ligne a joué un rôle de plus en plus important dans la détermination de la politique du gouvernement dans tous les domaines.

---

7. Voir chapitre 5.

En ce qui concerne le système d'organisation économique et la planification, l'adoption des idées du Che comme politique officielle signifiait le rejet total des tentatives faites par le bloc soviétique de remédier aux difficultés économiques par le recours aux lois du marché. En fait, Cuba s'est tenue fermement à l'écart de l'économie de marché, comme le prouvent des décisions aussi importantes que l'introduction des microplans dans le secteur privé agricole et la nationalisation de toutes les affaires privées dans le commerce, l'industrie et les services.[8] Il n'existe sans doute aucun autre pays socialiste qui dépende moins que Cuba des mécanismes de l'économie de marché.

Le système qu'utilise Cuba est hautement centralisé. Il est conforme aux idées du Che car il refuse l'indépendance financière aux entreprises. Les recettes des Fermes d'Etat et d'une grande partie des entreprises, dans le reste de l'économie, vont, par l'intermédiaire de la « Banque Nationale », au budget de l'Etat, qui est placé sous la direction d'un bureau de la Commission Centrale de Planification (Juceplan). Tous les trois mois, les responsables de la banque confèrent avec les directeurs d'entreprises pour discuter le volume des crédits qui leur seront reversés afin de payer les salaires et de financer les investissements. A la même occasion, on contrôle la bonne exécution du plan de production. Le reste des entreprises nationalisées, en dehors de l'agriculture, gardent leurs recettes et s'en servent pour payer leurs factures. Elles reçoivent parfois des crédits de la Banque pour les aider à effectuer ces opérations. Mais, comme ces entreprises doivent verser au budget national tous leurs profits, l'indépendance dont elles jouissent est plus apparente que réelle : elles ne peuvent mener une politique indépendante d'investissements ; elles ne peuvent utiliser non plus quelque part

---

8. Sur les microplans, voir ci-dessus pp. 132-135 ; sur les nationalisations, pp. 139-143.

que ce soit de leurs bénéfices pour donner des primes aux gérants et aux ouvriers.[9]

Toutes les entreprises d'Etat, quel que soit leur statut financier, fonctionnent selon des directives reçues d'en haut. Théoriquement, toute l'économie est dirigée par un plan général élaboré par le Juceplan conformément aux instructions du Conseil des Ministres.[10] Mais Jacques Valier est probablement plus près de la réalité lorsqu'il écrit :

« Il n'y a pas encore à Cuba de plan *général*, et de modèle *général* de développement économique : l'insuffisance des moyens matériels nécessaires à la mise en œuvre d'une telle planification, en est la cause essentielle. Il existe simplement un certain nombre de plans, annuels ou à plus long terme, préparés, selon l'importance accordée aux produits, par le Bureau central de planification, par les ministères, ou par les entreprises elles-mêmes, et des attributions prioritaires de ressources, mais sans qu'il existe vraiment un plan central et une coordination précise des divers plans entre eux. Dans l'état actuel de l'économie cubaine, estime-t-on d'ailleurs, les effets positifs dus à la mobilisation permanente des travailleurs, que favorisent les déplacements continuels et les contacts fréquents avec les masses de Fidel Castro, qui s'occupe *personnellement* des divers plans agricoles de l'île, sont plus importants que les effets négatifs dus à l'absence d'une planification générale qui, de toutes les façons, serait techniquement très difficile à mettre en œuvre aujourd'hui. »

Lorsque Valier parle d'« insuffisance des moyens matériels », il fait allusion aux comptables et autres spécialistes, à toutes sortes de machines de bureau (pas seulement les ordinateurs) et à la qualité de l'information

---

9. Sur ces problèmes, voir l'utile article de l'économiste français Jacques Valier, « L'économie cubaine : quelques problèmes essentiels de son fonctionnement », « Les Temps Modernes » (mars 1968), particulièrement pp. 1617-1618.

statistique. Bien sûr, toutes ces insuffisances peuvent être, et seront, corrigées avec le temps, et le système de planification s'en trouvera amélioré et modernisé. En attendant, puisqu'il est admis que le système fonctionne d'une façon très imparfaite, il paraît opportun d'en rechercher la raison. Et si les observations présentées à ce sujet sont plus critiques qu'élogieuses, il faut convenir qu'il y a davantage à gagner à découvrir les causes des insuffisances qu'à célébrer sans cesse les succès.

D'une manière générale, il nous semble que le gaspillage et l'inefficacité, aujourd'hui à Cuba, ne proviennent pas tant de faiblesses techniques dans le système de planification, si importantes soient-elles, que de causes plus fondamentales. Celles-ci peuvent être groupées sous trois rubriques : 1. certaines inégalités majeures dans la répartition des ressources dues à des causes historiques et technologiques ; 2. l'abus des « plans spéciaux », et 3. la tendance à vouloir trop en faire.

1. *Les inégalités majeures.* Comme nous l'avons signalé dans le premier chapitre, Cuba était avant la Révolution un pays de contrastes scandaleux, dont le plus visible et le plus choquant était peut-être l'opposition entre d'une part le non-emploi ou le sous-emploi de la main-d'œuvre, tandis que de vastes étendues de bonnes terres arables restaient en friches et, d'autre part, le fait que le pays importait plus du tiers des denrées alimentaires dont il avait besoin. Le bon sens élémentaire semblait dicter une politique de défrichage et d'utilisation des ressources humaines, afin de satisfaire les besoins du peuple avec ses propres moyens. Et, lorsque le gouvernement révolutionnaire arriva au pouvoir, il commença immédiatement à mettre en œuvre cette politique. Bulldozers et tracteurs, ceux qui étaient sur place et ceux qui furent importés, furent mis au service de l'œuvre de défrichement et ils continuent de l'être depuis. Comme Fidel l'indiqua dans

son discours du 2 janvier 1968, la surface des terres arables s'est accrue de 56 % entre 1958 et 1967, et elle continue de s'accroître.

Il est évident que cette politique était rationnelle tant qu'il y avait dans les campagnes une grande réserve de main-d'œuvre inemployée. Mais il est difficile de trouver une justification à la continuation de cette politique après que le sous-emploi d'autrefois ait fait place à une pénurie de main-d'œuvre. En d'autres termes, si le manque de bras était déjà devenu un grave problème à la campagne — et nous avons plus d'une fois souligné à quel point cela était vrai vers 1962-1963 — on allait assurément au-devant de difficultés accrues en mettant en culture des terres supplémentaires. Mais un simple coup d'œil au rapport terre-main-d'œuvre ne révèle pas toute l'étendue des dégâts. Les opérations de défrichage utilisent elles-mêmes de la main-d'œuvre et, fait encore plus grave, une bonne quantité du précieux équipement agricole. Si cette force de travail et cet équipement avaient été consacrés à une utilisation plus intensive des terres déjà en culture, on aurait pu obtenir un accroissement des rendements, et non leur diminution, comme cela fut trop souvent le cas à Cuba, ces dernières années. On peut objecter que l'équipement utilisé au défrichement — bulldozers, tracteurs lourds, etc. — ne peut servir aux travaux ordinaires de l'agriculture. Mais cet argument n'est pas valable : ce genre d'équipement a été importé à seule fin d'effectuer le défrichage ; avec une politique différente, d'autres tracteurs et machines destinés à l'agriculture auraient pu être importés.

Une autre disproportion majeure — et périodique dans l'économie cubaine — concerne la plantation et la récolte des produits agricoles. Si vous établissez un plan pour l'agriculture, vous devez évidemment prendre pour point de départ les surfaces à attribuer aux différentes cultures. Aujourd'hui, en l'état actuel des connaissances, de la technologie, de la disponibilité des ressources, etc., Cuba peut planter beaucoup plus qu'il ne peut récolter. La mécanisation, par exemple, est plus avancée en ce qui concerne la plantation qu'en ce qui concerne la moisson ; et la plupart des plantations s'effectuent au cours des mois de mai à juillet, lorsque la demande saisonnière de main-d'œuvre est relativement faible. Il s'ensuit que les plans conçus en fonction des possibilités de plantation, comme c'est le cas à Cuba, connaissent obligatoirement des difficultés au moment de la récolte. Chaque année, à cette époque, le même problème revient ; quels champs et quelles cultures doivent-ils être négligés, voire sacrifiés, et lesquels doivent être sauvés. Bien entendu, des efforts sont faits pour en sauver le plus possible, en mobilisant des ouvriers volontaires, mais ceci ne peut constituer au mieux qu'un palliatif, qui ne touche pas à la racine du problème.

Les pertes causées par cette disproportion entre la plantation et la récolte ne sont en aucune façon limitées aux produits gaspillés qui restent dans les champs. Il faut aussi tenir compte du fait que les ressources qui ont été consacrées à ces cultures perdues auraient pu être utilisées ailleurs. La perte est donc double : le produit même de ces ressources (qui est gâché) et le produit alternatif potentiel (qui est délaissé). Finalement, la perte est également morale. Même les ouvriers et les cadres les plus consciencieux, ceux qui travaillent dur et font de leur mieux pour réaliser le plan, ne peuvent s'empêcher de perdre quelque peu leur enthousiasme lorsqu'ils voient qu'une partie considérable de leurs efforts est sans cesse gaspillée. Et dans certains cas, le résultat est la déception et le cynisme.

---

10. Une explication détaillée de la façon dont ce plan a été élaboré et dont il est censé fonctionner se trouve dans une brochure imprimée de cinquante-six pages intitulée : « La planificacion económica en Cuba », préparée par le Juceplan en vue d'un séminaire « sur les aspects administratifs de l'exécution des plans de développement » qui se tint à Santiago du Chili en février 1968 (les organisateurs ne sont pas indiqués).

Pour établir les causes de la disproportion entre plantation et récolte, et particulièrement de la persistance de cette disproportion, il est nécessaire de souligner qu'elle est étroitement liée au déséquilibre entre terre et main-d'œuvre que nous avons examiné précédemment. Il est même possible que la politique de défrichement soit le facteur le plus important. Lorsque de nouvelles terres sont conquises, une pression irrésistible pousse à les utiliser, ce qui signifie naturellement les planter ou les ensemencer. Par suite, on a tendance à adapter le programme de plantations à celui du défrichage, quitte à laisser le problème de la récolte se résoudre par lui-même, ou plutôt, à laisser au gouvernement et aux dirigeants du parti le soin de le résoudre par la mobilisation de la main-d'œuvre volontaire.

2. *L'abus des plans spéciaux.* Le système cubain de planification comporte à profusion ce que l'on appelle des « plans spéciaux » (*Planes Especiales*). Selon le Juceplan, ils constituent des « formes organiques d'une grande flexibilité (*agilidad*) » qui

« permettent une hiérarchisation favorable des tâches spécifiques, le contrôle direct de l'organisme suprême de planification, et la centralisation, sous une direction unique, de nombreux problèmes connexes liés au développement des activités productives pour lesquelles les facteurs locaux (terres, moyens de communication, aspects sociaux particuliers), l'assistance technique, l'ordre d'urgence des tâches, etc., jouent un rôle prédominant. »[11]

En principe, naturellement, des dispositions de ce genre sont irréprochables. Une bonne planification économique, comme une bonne planification militaire, doit être souple ; et le système des plans spéciaux est un moyen approprié pour obtenir cette nécessaire sou-

---

11. Juceplan, « La Planificacion économica en Cuba », p. 17.

plesse. Cependant, il ne faut pas abuser des bonnes choses : des plans spéciaux trop nombreux et trop fréquents peuvent aboutir à ce qu'il n'y ait plus du tout de planification. Ceci n'est pas arrivé à Cuba, mais il y a eu sans aucun doute une tendance à ce que cela arrive.

Il y a deux sortes de plans spéciaux : ceux qui remplissent les objectifs fixés, et ceux qui ne les remplissent pas. Dans la première catégorie, on peut classer le plan spécial pour la production d'œufs, auquel nous avons déjà fait allusion.[12] Il a été un éclatant succès. Par contre, l'affaire des pâturages Voisin est un exemple de l'échec d'un plan spécial. Nous n'avons jamais obtenu une version réellement satisfaisante de cette histoire, mais en substance, il semble qu'elle ait été approximativement la suivante : Voisin était un agronome français qui avait imaginé un certain système d'assolement des pâturages convenant aux conditions climatiques de sa région, en France. Il était aussi, apparemment, un écrivain très persuasif. Du côté cubain, Fidel est un amateur avide de littérature agronomique, car il est toujours à la recherche d'idées nouvelles et de techniques nouvelles susceptibles dêtre adoptées avantageusement par Cuba. Il lut Voisin, fut énormément impressionné, et invita le Français à venir à Cuba. Voisin se montra prudent quant à la possibilité d'adapter son système aux conditions cubaines, et demanda à l'expérimenter dans des fermes d'essai. Mais à ce moment-là, les dirigeants cubains étaient convaincus que ce système constituait la solution, ou à tout le moins, une grande partie de la solution du problème crucial de la fourniture d'une base alimentaire adéquate au cheptel en expansion. Aussi des plans spéciaux furent-ils établis pour introduire les méthodes de Voisin sur l'ensemble du territoire. Avant qu'ils puissent être mis

---

12. Voir ci-dessus, pp. 109-110.

en œuvre, Voisin mourut à Cuba d'une crise cardiaque. On l'enterra comme un héros. En 1966, quelque 3 000 pâturages Voisin furent établis. Les cadres du Parti Communiste, qui jouèrent le rôle dirigeant dans cette opération, furent obligés de consacrer de longues heures à l'étude des œuvres de Voisin ; plus de la moitié de l'ensemble des investissements agricoles furent, cette année-là, consacrés aux pâturages. Mais l'épisode fut de courte durée. Dans les conditions cubaines, les pâturages ne donnèrent pas les résultats escomptés ; beaucoup ne furent jamais terminés et les autres furent affectés à d'autres usages.[13]

L'affaire Voisin montre, sous une forme caricaturale, certains traits qui paraissent caractéristiques de la politique économique cubaine : accueil enthousiaste aux idées et méthodes nouvelles ; impatience d'en tirer profit, ce qui provoque une répugnance envers les processus longs et souvent décevants du contrôle et de l'expérience préalables ; tendance à prendre des risques sur une vaste échelle ; absence, après l'échec, de tout effort sérieux d'autocritique. Certaines de ces qualités sont remarquables, mais malheureusement, elles contribuent à développer le gaspillage inhérent au système.

3.   *Tendance à vouloir en faire trop.* Un régime révolutionnaire, presque inévitablement, essaie de faire trop de choses, pour cette simple raison qu'après des siècles de négligence et d'exploitation capitalistes, il y a trop de choses à faire. De plus, jusqu'à un certain point, vouloir trop en faire peut avoir des résultats positifs, en libérant les réserves d'énergie, d'initiative et d'ingéniosité dont l'existence même pourrait autrement n'avoir jamais été découverte. D'un autre côté, vouloir

---

13.   A titre d'épilogue, nous pouvons ajouter que lorsque nous passâmes à Paris, à notre retour de Cuba, nous cherchâmes à nous renseigner sur la réputation de Voisin, en tant qu'agronome, en France. Il s'avéra qu'il n'était pas très connu et que ceux qui connaissaient son œuvre n'en avaient pas une très haute opinion.

trop en faire peut aussi avoir des effets négatifs. C'est aussi vrai d'une nation que d'un individu : quiconque cherche à faire plus qu'il ne peut finit généralement par faire moins qu'il n'aurait pu.

La tendance à vouloir trop en faire peut prendre deux aspects : la fixation d'objectifs beaucoup trop ambitieux dans un ou plusieurs secteurs particuliers, et la répétition de cette erreur, plus ou moins généralement, dans les autres branches de l'économie. Cuba a tendance à faire les deux. L'exemple le plus typique du premier aspect est l'objectif de dix millions de tonnes de sucre pour 1970. (Nous ne parlons ici que de ses incidences économiques. Lorsque Fidel fixa cet objectif, il y avait évidemment d'importants motifs politiques. Comme il connaît beaucoup mieux que nous la situation cubaine, nous ne voulons pas discuter la question de savoir s'il a eu raison ou tort de payer le prix économique de l'objectif des dix millions de tonnes. Nous disons seulement que ce prix économique existe et qu'il est élevé.) Dans son livre sur l'agriculture cubaine, Michel Gutelman fait une analyse détaillée des implications de la campagne des dix millions de tonnes. Elle commence ainsi :

« La ligne générale telle qu'elle avait été tracée en 1963 par la Direction révolutionnaire, s'appuyait entre autres sur l'idée qu'il fallait utiliser au maximum les capacités de production existantes dans le secteur sucrier. Implicitement, il était décidé qu'au-delà des dépenses de renouvellement indispensables, seuls seraient effectués les investissements permettant un élargissement de certaines capacités de production dans les sucreries où les conditions techniques étaient favorables et, naturellement, ceux destinés aux nouvelles plantations de canne susceptibles d'utiliser à plein la capacité industrielle ainsi élargie.

« Cette ligne de développement qui aurait permis de produire environ 8,5 millions de tonnes de sucre par an aurait nécessité dans le secteur industriel quelque 150 millions de pesos d'investissement et à peu près autant dans le secteur agricole. En réalité, la décision prise en 1964 de produire 10 millions de tonnes de sucre en 1970 s'écarte très sensiblement de cette stratégie primitive et, par suite du changement qualitatif dans l'effort qu'elle implique, bouleverse les données du problème de l'investissement. Les conséquences de ce changement sont nombreuses et affectent l'ensemble de l'économie cubaine, même au-delà de l'année 1970. Elles seront particulièrement importantes en ce qui concerne les proportions de l'économie et la rentabilité en devises de l'effort fourni.[14]

Il ressort de ces données que l'augmentation de la production de sucre de 7 millions de tonnes, ce qui correspondait aux possibilités maxima en 1965, à 8,5 millions de tonnes, signifierait un investissement d'environ 300 millions de pesos, moitié dans le secteur industriel, moitié dans le secteur agricole. Gutelman cite ensuite une étude du ministère du Sucre faite en 1965, selon laquelle le passage de sept millions de tonnes à dix millions en 1970, n'exigerait pas moins de 1 020 millions de pesos. Autrement dit, le premier million et demi de tonnes au-delà de sept millions nécessiterait 300 millions de pesos d'investissements, soit environ 200 pesos par tonne supplémentaire ; tandis que le million et demi suivant, au-delà de 8,5 millions de tonnes, exigerait 720 millions de pesos, ou 480 pesos par tonne supplémentaire. Il est donc clair que le bénéfice des investissements diminue rapidement au-delà d'un certain point.

Et encore ceci ne donne pas une idée complète du coût de ce million et demi de tonnes supplémentaires. Premièrement, la part des importations dans les investissements augmente en même temps que s'accroît le total de ceux-ci, de sorte que le rendement net du

---

14. Gutelman, op. cit., p. 204.

commerce extérieur tend à décliner. Deuxièmement, plus la production cubaine s'élèvera au-dessus des quantités que les pays socialistes se sont engagés à acheter et de la consommation intérieure brute (en 1970, ce total sera probablement d'environ huit millions de tonnes), plus il faudra vendre sur le marché mondial, ce qui fera baisser les prix en devises fortes. Et enfin, il ne faut jamais perdre de vue le fait que presque tous les secteurs de l'économie cubaine ont besoin d'investissements supplémentaires et que les 720 millions de pesos nécessaires à la production du dernier million et demi de tonnes de sucre représentent davantage que le total des investissements dans toutes les branches de l'économie en 1963 ![15] Songeons au rendement de ces crédits si, au lieu d'être concentrés dans un secteur où leur rentabilité est déclinante, ils avaient été répartis dans l'ensemble de l'économie au moyen d'un programme d'investissements équilibré.

Si Cuba réussit à atteindre l'objectif de dix millions de tonnes en 1970 — et nous l'espérons fermement — ce sera une victoire politique d'une importance d'autant plus grande qu'elle aura été obtenue à un prix élevé sur le plan économique.

En ce qui concerne la tendance générale à fixer des objectifs excessifs, il peut sembler qu'elle ne cause pas trop de dommage : la réalisation du plan à 80 % est moins impressionnante qu'un résultat de 100 %, mais si l'objectif a été fixé à 20 % au-dessus des possibilités, la différence, dira-t-on, n'est qu'apparente. En fait, les choses ne se passent pas de cette manière. Des efforts et des préparatifs sont faits pour atteindre l'objectif excessif, mais ce n'est que pendant la réalisation que l'on découvre l'impossibilité. A ce moment-là, un certain nombre de choses ont déjà été faites, qui n'auraient pas été entreprises si l'objectif avait été réaliste ; il

---

15. Voir ci-dessus, p. 112.

faut alors procéder à des aménagements hâtifs, qui peuvent rendre nécessaires d'autres ajustements ; on subit des pertes matérielles et la confiance des cadres et des ouvriers dans le système de planification, et partant de là, leur moral se trouve atteint. Le jeune économiste français Isy Joshua, qui a travaillé à Cuba de 1963 à 1967, nous a donné l'analyse suivante de la façon dont ces difficultés arrivent et se renouvellent :

« Nous avons vu plus haut que le plan annuel de l'agriculture d'Etat, à Cuba, présente une nette tendance à l'irréalisme. Ce plan annuel, souvent non réalisé, doit évidemment être modifié en cours d'exécution, pour s'adapter à une situation changeante. L'irréalisme initial du plan n'est pas, loin de là, la seule raison de ces modifications : des conditions de sol non prévues, des variations climatologiques, des transferts d'objectifs de production d'une ferme à l'autre, des retards dans la préparation des terres, etc., contribuent à modifier le plan. C'est ainsi qu'au cours de l'année 1966, le plan de production de l'agrupacion *Artemisa* avait subi tant de variations, que l'agrupacion en question dut élaborer un nouveau plan pour le deuxième semestre 1966 ; de même, toujours au cours de l'année 1966, le plan de fertilisant de la province de Pinar del Rio fut modifié trois fois. Fait significatif, très souvent, quand le plan de production est modifié, les autres catégories n'évoluent pas parallèlement (approvisionnement, investissement).

« Mais, quelquefois, ces modifications sont si nombreuses et si importantes, qu'il devient impossible de refaire à chaque fois le plan. On se contente alors d'élaborer des « extra-plans », des plans opératifs ou des additions aux programmations d'activités. La multiplication de ces plans opératifs, de ces « extra-plans », de ces « additions » entraîne à son tour, assez souvent, l'abandon de toute planification, de toute programmation. On se contente alors de diriger l'activité produc-

tive au jour le jour, opérativement. Même, quelquefois, les étapes intermédiaires de modification du plan,
d'extra-plan, d'additions, n'existent pas : on passe directement de l'élaboration du plan, de la programmation...
à une « pratique opérative » qui ne correspond pas
nécessairement aux prévisions.

« Or, la direction d'une activité économique quelconque suppose nécessairement la solution du problème
décisif de l'équilibre objectifs-ressources à chaque niveau. Quand les ressources disponibles sont insuffisantes
pour réaliser *tous* les objectifs fixés (ceci pour un niveau
donné d'efficience dans l'utilisation des ressources), la
solution du problème de l'équilibre objectifs-ressources
revient à fixer un certain ordre de priorité entre les
divers objectifs, et à assigner les ressources disponibles
aux objectifs, en fonction de cet ordre de priorité.
Nous venons de voir que le plan annuel, qui devait être
le principal instrument de prévision, direction et contrôle, ne résout pas le problème décisif de l'équilibre
objectifs-ressources à chaque niveau, c'est-à-dire, ne fixe
pas, pour chaque niveau, l'ordre de priorité correspondant entre objectifs... Chaque niveau est donc conduit
à résoudre son problème d'équilibre objectifs-ressources,
dans sa propre pratique opérative, selon un ordre de
priorité plus ou moins objectivement déterminé.

« Cette « pratique opérative » explique la coexistence
contradictoire dans le mode réel de fonctionnement de
l'agriculture d'Etat, d'une décentralisation anarchique
et d'une centralisation mécanique et autoritaire. »[16]

Ce qui arrive lorsque le plan se révèle irréaliste,
c'est que les responsables locaux imposent leurs propres
solutions, mais subjectivement, et non en conformité
avec les nécessités sociales générales (décentralisation
anarchique). Les hauts dirigeants, voyant cette tendance

16. I. Joshua, « Organisation et rapports de production
dans une économie de transition (Cuba) » (Sorbonne, Paris :
Centre d'Etudes de Planification Socialiste, 1968), pp. 64-66.

et comprenant ses conséquences négatives, s'efforcent de restaurer leur autorité et leur contrôle, mais là aussi, sans tenir compte d'un plan englobant les intérêts généraux de la société (centralisation autoritaire). Joshua poursuit :

« Il nous faut indiquer ici que les deux mouvements qui viennent d'être décrits (décentralisation anarchique et centralisation autoritaire) ne sont pas séparés : en fait, ils se confondent, se déroulement simultanément, se chevauchent.

« Dans la même région, pendant qu'on centralise et qu'on concentre les ressources sur une ou deux activités, les autres activités de la même région sont abandonnées en fait à l'initiative de la base... L'activité principale (c'est-à-dire considérée comme telle par les niveaux de la région) varie évidemment d'une région à l'autre. Inutile d'ajouter que rien ne garantit le rationnel de tels ordres de priorité, d'un point de vue social général.

« Nous voyons ici que la centralisation réalisée pour une ou deux activités, dans une ou deux régions, signifie nécessairement l'abandon des autres activités ou régions à la décentralisation anarchique, c'est-à-dire que la décentralisation anarchique se perpétue à l'intérieur même de la centralisation la plus rigide, l'une nourrissant l'autre, l'une se transformant en l'autre...

« C'est dans le cadre de cette inadéquation des rapports de production qu'il est possible de comprendre les lois d'apparition et de développement de la « *bureaucratie économique* ». En effet, nous l'avons vu, face à la décentralisation anarchique, les niveaux supérieurs passent nécessairement à la centralisation autoritaire. Etablir, aux niveaux supérieurs, un ordre de priorité entre objectifs et assigner des ressources aux objectifs est évidemment, nous l'avons montré, une tâche très compliquée, surtout dans l'agriculture : ces niveaux supérieurs auront besoin, pour prendre des décisions avec une efficience minimale (au sens d'une efficience de régulation), d'une grande masse d'information très détaillée. Il faudra donc une bureaucratie importante dans la Ferme d'Etat (quelquefois dans le département), agrupacion, province, pour élaborer et transmettre cette information ; et une bureaucratie tout aussi importante au niveau national pour recueillir cette information, l'analyser, réaliser les calculs, prendre des décisions et les transmettre aux niveaux inférieurs. »[17]

L'analyse que nous avons faite de quelques-uns des plus importants problèmes de l'économie et de la politique économique cubaine — disparités dues à des conditions historiques et techniques, usage et abus des plans spéciaux, tendance à vouloir trop en faire — peut paraître critique. Elle n'avait pas cette intention. Personne, ni aucun pays, n'a résolu ces problèmes de façon satisfaisante. L'efficacité tant vantée du capitalisme ne sert qu'à produire l'abondance pour une minorité, mais l'enfer sur la terre pour la grande majorité : l'humanité ne peut pas supporter plus longtemps ce genre d'efficacité. Mais il n'est pas facile de trouver une solution de remplacement acceptable et réalisable. Les pays du bloc soviétique, après avoir remporté des succès historiques que l'on ne devra jamais oublier, ont, ces dernières années, subi des échecs et effectué des reculs. Ils ont en fait abandonné la recherche d'une alternative valable au capitalisme, ils essaient maintenant de remédier à leurs difficultés en copiant le capitalisme. Cette voie signifie la régression et finalement la rechute. De nombreux pays, dans le monde, ont encore à faire le premier pas, qui est de renverser le capitalisme, mais parmi ceux qui l'ont fait, quelques-uns seulement luttent pour avancer vers la nouvelle société de l'avenir. Cuba — aux côtés de la Chine, du Nord-Vietnam, de la Corée du Nord et de l'Albanie — a l'honneur d'être l'un d'entre eux. Mais lutter pour trouver une voie

---

17. Ibid., pp. 73-74.

est une chose, et la trouver en réalité en est une autre.
Dans l'intervalle, il y a une longue période de tâton-
nements et d'erreurs. Les fautes, il faut en faire l'expérience et les corriger.

Dans le déroulement de ce processus, les erreurs sont
normales et une fierté mal placée ne doit pas empêcher
qu'elles soient franchement discutées. Ce qui n'est pas
normal, et ce qui, à long terme, peut s'avérer désastreux, c'est le refus d'admettre les erreurs, et, par suite,
l'incapacité de les corriger.

CHAPITRE X

TECHNOLOGIE : ESPOIR POUR L'AVENIR

Dans le dernier chapitre, nous avons beaucoup insisté sur les défauts et les insuffisances du système cubain d'utilisation des ressources. Mais il faut prendre garde à ne pas obscurcir le problème : si Cuba est encore un pays pauvre, ces difficultés n'en sont pas la cause principale ; et pas plus le fait, souligné dans le chapitre VIII, que la Révolution ait détruit l'ancien système de stimulants sans être capable de le remplacer par un nouveau système, socialiste. Ces problèmes sont assurément importants et des progrès vers la solution aideront sans aucun doute à améliorer la situation. Mais le fond de la question est qu'à Cuba, comme dans tous les autres pays sous-développés d'Asie, d'Afrique et d'Amérique latine, le niveau technologique est bas. Même si tous les ouvriers étaient décidés à travailler dur, et si leurs efforts étaient dirigés et guidés par des plans impeccables, Cuba resterait encore un pays pauvre. Et ceci continuera d'être vrai jusqu'à ce qu'il maîtrise la technologie et la science modernes, jusqu'à ce qu'il apprenne à les faire contribuer efficacement à la solution des problèmes spécifiques du pays.

Deux citations de récents discours de Fidel Castro soulignent le fossé qui existe entre la réalité présente et ce que les dirigeants révolutionnaires espèrent réaliser à la fin des années 1970. « A la campagne, a-t-il déclaré le 19 avril 1968, à l'occasion de la célébration du sixième anniversaire de l'échec de l'invasion, soutenue par la C.I.A., de Playa Giron, on trouve encore des dirigeants de Fermes d'Etat qui n'ont atteint que le niveau d'instruction du second ou du troisième degré. Ils font de leur mieux et nous ne pouvons leur demander davantage. » Mais l'avenir semble très différent. Le 28 septembre, Fidel a déclaré :

« Grâce aux efforts de ces dernières années, il y a actuellement une masse énorme d'enfants qui étudient. Ils transforment notre société. Nous estimons que d'ici douze ans, le nombre de techniciens de niveau moyen sera supérieur à 800 000. Certains demandent : « Est-ce que tout le monde va devenir technicien ? » Oui. Tout citoyen devra devenir un technicien, car, dans l'avenir, il n'y aura plus une seule activité qui n'exigera pas une formation solide. Cela sera nécessaire partout — pour travailler avec des engrais, pour utiliser les herbicides, pour conduire n'importe quelle machine. Chaque jour qui passe, la production et le travail requièrent de l'homme une participation physique moins importante. Ce sont essentiellement les machines qui exécuteront le travail matériel. Et pour contrôler les machines, la société doit développer ses capacités intellectuelles. »

Ainsi Cuba se trouve à la première étape d'une révolution technologique qui sera essentiellement caractérisée par la transformation de sa main-d'œuvre. Les travailleurs manuels, sans instruction et sans qualification, deviendront des techniciens exercés et des conducteurs de machines. Ce processus est déjà en cours. Nous l'avons déjà évoqué dans notre analyse des réalisations et des programmes de la Révolution dans le domaine de l'éducation.[1] Quels sont les principaux problèmes à

---

1. Voir chapitre 2.

résoudre et quels sont les éléments favorables dont on peut profiter ?

Pour répondre à cette question, nous devons d'abord rappeler ce qui est, sans aucun doute, le dilemme numéro un de Cuba : les besoins du pays en main-d'œuvre agricole ne sont pas différents de ce qu'ils ont toujours été, mais la Révolution a radicalement modifié les conditions de la fourniture de cette main-d'œuvre. Il y a toujours une demande saisonnière considérable pour les travaux agricoles des mois secs, de janvier à avril. Pendant cette période, il faut en effet, non seulement récolter la canne à sucre et de nombreux autres produits, mais aussi (surtout à la fin) préparer le sol et effectuer de nouvelles plantations. Mais il n'y a plus dans les campagnes ce vaste réservoir de chômeurs et de paysans sans terres, dans lequel on pouvait puiser pour faire face à cette grosse demande saisonnière de main-d'œuvre. Ceux qui formaient naguère cette « armée de réserve du travail », ou bien disposent de leur propre terre, ou bien sont employés sur une base permanente, tout au long de l'année — dans les Fermes d'Etat, dans le bâtiment, dans l'industrie, etc. Le principal moyen utilisé par la Révolution pour essayer de résoudre ce problème est le travail volontaire des citadins à la campagne, mais personne ne croit qu'il s'agisse là d'une solution permanente ou satisfaisante du point de vue social.[2] Tout le monde, de Fidel Castro au plus simple citoyen, est convaincu qu'à long

---

2. Le problème de l'utilisation du travail volontaire pour résoudre le problème **économique** du manque de main-d'œuvre ne doit pas être confondu avec le problème **éducatif** de l'association de l'étude avec le travail manuel. Les Cubains sont de fermes partisans de cette méthode éducative, qu'ils estiment bénéfique ; et aujourd'hui, le travail des élèves (et des professeurs) contribue à subvenir au manque de main-d'œuvre agricole. Mais naturellement, il continuerait d'être possible de réaliser un programme d'éducation associant l'étude au travail manuel, même si l'on ne manquait pas de main-d'œuvre.

terme, la seule solution acceptable doit être trouvée dans la technologie.

Paradoxalement, les premiers progrès de la technologie à Cuba — et ceci serait probablement vrai dans beaucoup d'autres pays sous-développés — ont tendu à aggraver le problème du manque de main-d'œuvre saisonnière. Et cela parce qu'il est beaucoup plus facile de mécaniser la croissance des denrées agricoles (fertilisation du sol, plantation, soins culturaux) que leur récolte proprement dite.[3] Les tracteurs, semoirs, charrues et herses dont on a besoin pour mécaniser les façons culturales sont relativement faciles à construire, tandis que dans le domaine de la récolte, les machines nécessaires n'ont parfois pas encore été inventées. Ce déséquilibre se fait sentir à Cuba avec une particulière acuité, à cause du rôle prépondérant de la canne à sucre dans l'économie agricole. « La récolte de la canne, écrit le professeur Kelly, dépend toujours pour l'essentiel du travail manuel, car aucune machine satisfaisante n'a encore été conçue pour couper la canne dans les champs avec efficacité. »[4] A Cuba, le problème technologique essentiel était donc particulièrement difficile et préoccupant. Il fallait réussir ce que les Etats-Unis eux-mêmes n'avaient pas réussi : inventer une moissonneuse mécanique efficace pour les plantations de canne à sucre.

La tâche aurait été simple si toute la canne était plantée en terrain plat, et si, comme pour le blé, les tiges poussaient droit jusqu'à une hauteur plus ou moins uniforme. Une série de couteaux aurait étêté

---

3. Selon le professeur Clarence F. Kelly, directeur de la station d'agriculture expérimentale de Berkeley, à l'Université de Californie : « La moisson et le vannage d'une récolte représentent généralement au moins la moitié du coût total de production. **Ils sont aussi, de loin, de la partie du processus agricole qu'il est le plus difficile de mécaniser.** » (« La Mécanisation des moissons », Scientific American, août 1967, p. 50 ; souligné par nous.)

4. Ibid., p. 55.

les plants, et une autre aurait coupé les tiges juste au-dessus du sol. Un ventilateur aurait éliminé les balles ; et un chargeur aurait déposé les tiges propres dans des remorques tractées, pour les transporter jusqu'au moulin. Mais en réalité, la canne est souvent plantée sur des terrains en pente ou accidentés. La plupart des variétés (particulièrement les plus lourdes, qui donnent les meilleurs rendements) poussent dans tous les sens, formant des enchevêtrements impénétrables. Le problème est donc bien loin d'être simple.

Les premières tentatives pour construire une moissonneuse utilisable ont été entreprises par des ingénieurs et des inventeurs soviétiques. Elles n'ont pas été très heureuses. Les seules machines contruites n'étaient efficaces que sur terrain plat et pour des variétés de canne à sucre à tige droite. De ce fait, leur utilisation resta très limitée. Selon les estimations que l'on nous a fournies, en 1966, à peine 3 % de la récolte de canne a été moissonnée mécaniquement. Plus récemment cependant, les Cubains ont affirmé qu'ils avaient finalement résolu le problème. Voici le passage le plus pertinent de l'article qui parut dans *Granma* le 14 avril 1968, pour annoncer cette importante nouvelle :

« Les essais qui viennent de s'achever ont donné des résultats satisfaisants », a déclaré le commandant Fidel Castro, premier ministre du gouvernement révolutionnaire, à l'issue de l'expérimentation des machines construites à Cuba pour couper et charger la canne à sucre, effectuée le dimanche 7 avril, dans les plantations de canne de la Ferme d'Etat Andrès Cuevas, du groupe agricole Cauto, dans la province d'Oriente.

« Ce type entièrement nouveau de moissonneuse-chargeuse a été réalisé par les ingénieurs, techniciens et travailleurs du Centre pour le Développement des Machines (C.D.M.) du ministère des Industries de Base. Les travaux de construction ont été exécutés sous la direction de l'ingénieur Carlos Cruz et de l'inventeur

Rogelio Rodriguez qui, après un labeur acharné, ont résolu les problèmes fondamentaux — et selon certains experts, insolubles — posés par la construction de machines à moissonner la canne.

« Des dirigeants, des personnalités officielles et des techniciens se sont rendus sur place pour assister aux essais des nouveaux équipements. Les machines ont impeccablement moissonné de longues rangées de plantes à haut rendement : plus de 120 000 *arrobas* (un *arroba* équivaut à 25 livres) par *caballeria* (13,4 hectares). L'essai a eu lieu quand le soleil était déjà haut, dans des champs de canne brûlée, aussi bien que dans des champs de canne non brûlés. Deux modèles de machines ont été expérimentés, l'un doté de roues à pneus et l'autre de chenilles. Ils ont tous deux donné des résultats surprenants.

« La nouvelle moissonneuse combinée cubaine a éliminé la plupart des défauts qui grevaient les modèles précédents. Le châssis et le moteur sont fabriqués en Union Soviétique, mais le reste de l'équipement est d'une conception entièrement nouvelle.

« Jusqu'ici, les principaux obstacles à l'utilisation des machines étaient les conditions spéciales exigées par le terrain et par la canne elle-même. Les machines précédemment utilisées ne fonctionnaient pas bien en terrain montagneux ou accidenté. Elles ne pouvaient pas être utilisées pour les plants à haute taille qui ont tendance à pousser près les uns des autres et à s'entremêler, les tiges atteignant des niveaux différents. Il en résultait du gaspillage, car beaucoup de tiges étaient coupées trop au-dessus du sol, laissant la chaume trop long, ou alors, les plantes n'étaient pas écîmées à hauteur convenable.

« Cet essai a prouvé que le nouveau combiné cubain fonctionne avec efficacité dans des conditions diverses : aussi bien sur les cannes non brûlées à haut rendement, proches les unes des autres et entremêlées, que dans les champs qui ont été brûlés. Fidel et les dirigeants qui l'accompagnaient dans sa visite d'inspection ont pu affirmer que cet équipement laissait les souches intactes et qu'il en résultait une coupe parfaitement franche, à ras du sol, ne déchirant pas la canne. Les parties de la tige chargées dans les remorques par le combiné étaient presque entièrement dénudées. Il ne restait qu'une très faible proportion de paille de canne.

« Ce modèle avait déjà subi plusieurs essais. Le premier avait été effectué avec un prototype en décembre 1967, à Calvario, dans la province de La Havane. Le commandant Fidel Castro était déjà présent à ce premier essai, ainsi que Raul Doñias, directeur du C.D.M., et l'ingénieur Carlos Cruz. Au cours de cette épreuve, les avantages et les inconvénients du nouveau combiné sont apparus et des modifications ont été proposées. Le Premier ministre autorisa la construction de deux combinés pour de nouvelles expériences : un modèle équipé de roues à pneus et l'autre de chenilles de tracteur. En mars de cette année (1968), les combinés ont fait l'objet d'un essai préliminaire dans les plantations de canne de la raffinerie Ruben Martinez Villena, à Aguacate (La Havane).

« Les combinés ont été construits en vue de résoudre le problème de la coupe et du chargement de la canne dans des conditions variées, des remorques étant remplies de cannes, au préalable dénudées et coupées en tronçons égaux. Ensuite, la canne est envoyée directement à l'usine pour être moulue. Les machines ont été conçues pour travailler en terrain accidenté, pour récolter des cannes de résistance différente, dans des plantations de rendements variés. Et surtout, ces machines avaient l'avantage de ne pas laisser de tronçons sur le sol et de pratiquer l'écîmage à l'endroit le plus approprié de la tige.

« Le combiné est doté : d'une paire de lames inférieures amovibles, qui coupent la canne au ras du sol ; d'une lame supérieure, qui écîme les tiges et peut être ajustée selon la taille de celles-ci ; et d'une lame laté-

rale, qui sépare les tiges d'une rangée de celles de la
rangée suivante, réglant ainsi le problème de l'enche-
vêtrement des plantes. Les tiges sont dépouillées de
leur paille par un puissant système de ventilation. De
plus, le combiné est équipé d'un « adapteur de terrain », qui élève ou abaisse les lames selon les changements de niveau du sol.

« Ce combiné auto-tracté pour la récolte de la canne
a un haut rendement. Il peut être utilisé, sans aucune
difficulté, pendant douze heures sans interruption. Un
seul homme suffit à la manœuvre du combiné lui-même.
Trois autres conduisent les camions remorques dans lesquels sont chargées les tiges. Le rendement attendu du
combiné se situe entre 25 000 et 30 000 *arrobas* par jour,
mais le volume exact sera évalué avec davantage d'exactitude lorsque les machines auront été utilisées à plein
dans des conditions variées. Le Premier ministre et sa
suite se sont déclarés très satisfaits des performances
réalisées par les deux modèles. Le travail s'est déroulé
régulièrement, sans la moindre panne ou accident. Un
grand nombre d'agriculteurs de la région de Cauto ont
assisté aux essais et ont salué avec enthousiasme cette
nouvelle victoire de notre industrie mécanique nais-
sante. Joël Domenech, ministre de l'Industrie de Base,
l'ingénieur Carlos Cruz et les camarades Doñas et Esqui-
vel, tous pleins d'enthousiasme pour l'important succès
enregistré au cours de l'opération expérimentale de cet
équipement, ont fourni à Fidel tous les détails sur la
construction et le fonctionnement des combinés cubains.

« Fidel a contrôlé personnellement toutes les phases
de l'opération, pour les deux modèles : le travail de
coupe des lames inférieures et de la lame supérieure,
l'efficacité du processus de nettoyage des tiges, le désen-
chevêtrement, la capacité de la machine, etc. Il a constamment échangé des opinions avec les autres membres
du groupe. Ils sont tous tombés d'accord pour prédire
à ces combinés un grand avenir dans la mécanisation
de la récolte de canne à sucre.

« Au cours des essais, le commandant Fidel Castro a déclaré que l'on construirait un nombre de combinés suffisant pour assurer la mécanisation complète de la récolte, l'année prochaine, dans les zones fournissant la canne à l'un des moulins de la province de La Havane. Il ajouta que de nombreux autres combinés seraient construits pour la récolte de 1970 dans une nouvelle usine qui sera établie par les ministères de la Construction et de l'Industrie de Base dans la province de Santa Clara. Des camions-remorques spéciaux, pour le chargement de la canne, seront construits à l'usine de Güira de Melena qui sera agrandie. Fidel parla aussi de la formation de conducteurs et de mécaniciens pour le nouvel équipement. Des écoles professionnelles pour conducteurs seront établies auprès des premiers moulins à canne à sucre dont la récolte sera mécanisée. Les mécaniciens seront formés directement à l'usine de la province de Santa Clara.

« Fidel suggéra que l'on utilise des moteurs plus puissants, atteignant 120 chevaux, sur les combinés qui seront construits à l'avenir et que la préférence soit donnée au modèle doté de chenilles qui peut être efficacement utilisé sur n'importe quel terrain.

« Observant les combinés en action sur une variété de canne comportant beaucoup de paille, il remarqua que même dans ces conditions, ils fonctionnaient efficacement. De plus, le terrain n'était pas des plus faciles.

« Il se montra enthousiaste quant aux possibilités de cet équipement, une fois qu'il aura été perfectionné. Il insista pour que le maximum d'informations soit recueilli sur les machines au cours de la période d'expérimentation, pendant le mois Giron (avril), afin que ces informations puissent servir à améliorer les combinés à construire.

« Lorsque les essais furent achevés, Fidel se déclara satisfait des résultats obtenus. Il affirma que dès 1970, on mettrait sérieusement en œuvre un programme de mécanisation totale de la récolte de canne. Fidel décrivit le combiné cubain comme « hautement efficace », et comme « la plus importante réalisation à ce jour de notre industrie mécanique ».

Avant de citer le discours de Fidel du 9 avril, dans lequel il annonça pour la première fois publiquement l'existence de ces nouveaux combinés, il faut noter que si leur capacité est correctement estimée à 25 000-30 000 *arrobas* par jour, et si nous supposons que chaque machine a besoin de deux conducteurs pour être maintenue continuellement en action, la productivité de chaque conducteur sera de l'ordre de 14 000 *arrobas* par jour. Le rendement normal quotidien d'un coupeur de canne expérimenté est d'environ 140 *arrobas*. En d'autres termes, le combiné augmentera d'environ cent fois la productivité du travail. Ceci peut paraître fantastique, mais correspond en réalité aux progrès réalisés grâce à la mécanisation des moissons dans les pays avancés. Parlant des combinés à grains, par exemple, le professeur Kelly écrit : « L'utilité du présent combiné peut se mesurer en faisant la comparaison suivante : avec cette machine, en Californie, la récolte du riz (cueillette, battage et décorticage) demande moins d'un homme-heure par acre (un peu moins d'un demi-hectare), tandis qu'au Japon, où le travail est effectué le plus souvent à la main, la consommation moyenne de main-d'œuvre, selon une étude récente, est de 258 hommes-heure par acre. »[5]

Voici ce qu'a dit Fidel sur les nouveaux combinés dans son discours du 9 avril :

« Les ouvriers et les techniciens de notre industrie mécanique affectés à la recherche d'une solution au difficile problème de la mécanisation de la coupe de la canne à sucre — qui est l'un des travaux les plus durs, les plus pénibles, les plus difficiles, un de ceux pour lequel la productivité d'un homme est insigni-

---

5. Ibid., p. 52.

fiante, qui requiert des centaines de milliers d'ouvriers, chaque année, pour couper à la main plus de 30 millions d'*arrobas* de canne à sucre par jour, pendant de longs mois, un coup de machète après l'autre — ont pris en charge une entreprise commencée il y a plusieurs années : construire une moissonneuse de canne susceptible de résoudre le problème une fois pour toutes. Deux de ces nouveaux combinés ont été essayés sur le terrain il y a à peine quelques jours. Les essais ont eu lieu, non sur des cannes à rendement moyen, mais à haut rendement ; non sur des cannes à tiges droites, faciles à couper, mais sur des cannes à tiges fortes en paille, emmêlées et courbées.

« Et ces machines — qui recevront plusieurs améliorations, dont le remplacement de leurs moteurs actuels de 75 CV par des moteurs d'au moins 100 CV — ont étonnamment bien fonctionné : elles ont saisi les cannes emmêlées et inclinées, elles les ont coupées, elles ont enlevé la paille et elles ont déposé dans la remorque des tiges assez propres pour être traitées au moulin. (Applaudissements.)

« Il est possible que rien n'ait une plus grande conséquence pour l'avenir de ce pays que ces machines. Il est possible que notre peuple et nos futures générations n'aient jamais de dettes de gratitude plus grandes que celles qu'ils sont contractées vis-à-vis des hommes qui ont conçu et construit ces machines. Elles signifieront la libération de centaines de milliers d'ouvriers de la tâche la plus exténuante ; elles multiplieront de plusieurs fois la productivité de nos travailleurs, parce que nous avons l'intention de doter l'industrie du sucre, dans un avenir proche, année après année, de l'équipement mécanique nécessaire.

« Naturellement, certaines parties de ces machines devront être achetées à l'étranger, tandis que d'autres seront construites ici, mais nous voulons disposer, dès 1970, d'un nombre considérable de ces combinés.

« En ce qui concerne le sol sur lequel elles travaillent, les machines ne sont pas trop exigeantes. Tant que le terrain n'est pas trop accidenté, elles coupent sans difficulté. Et, aux termes de nos projets agricoles, nous envisageons d'utiliser pour la culture de la canne des zones situées à proximité des moulins, pour remplacer celles qui en sont trop éloignées.

« Vingt ou trente moulins à canne à sucre sont situés dans des régions montagneuses, où les moyens mécaniques ne peuvent être utilisés, même pour le chargement de la canne. Notre plan prévoit la suppression progressive de ces moulins, de 1970 à 1975, et l'augmentation de la capacité productive des moulins situés dans les régions non accidentées — qui sont en fait les moulins les plus importants — afin de mécaniser la récolte de canne à sucre à 100 % entre 1970 et 1975. (Applaudissements.) Donc, nous allons produire nos dix millions de tonnes de sucre en 1970 en utilisant un certain nombre de machines, mais surtout en travaillant durement, en coupant sans relâche ; mais à la fin de cette période de cinq ans, il ne sera plus nécessaire de couper à la main, dans ce pays, une seule tige de canne... Imaginez la libération progressive de centaines de milliers d'hommes travaillant actuellement dans l'agriculture ! Imaginez la mécanisation de toute notre agriculture !

« D'autres tâches demeureront, telles la cueillette du café et des fruits, mais il s'agit de tâches qui ne sont pas pénibles, de tâches qui peuvent être effectuées par des adolescents, par des femmes, par des gosses.[6]

« Combien d'hommes seront libérés, quelle quantité de main-d'œuvre sera libérée par la mécanisation de

---

6. Tôt ou tard, ces récoltes seront mécanisées également. Le professeur Kelly, dans l'article déjà cité, souligne qu'aux Etats-Unis de rapides progrès sont déjà en cours dans la cueillette mécanique des fruits ; et une publicité de la « Republic Steel », dans un récent numéro de « Business Week » (13 juillet 1968) parle de « ramasseurs de baies qui cueilleront bientôt le raisin et le café ! ».

notre agriculture ! Nous pouvons affirmer avec une totale confiance que la voie présente de notre développement permettra à notre agriculture de compter parmi les plus modernes du monde. »

Bien entendu, la route est longue entre les essais expérimentaux et l'introduction massive de machines tout à fait au point, et l'enthousiasme passé des Cubains pour des innovations qui n'ont pas donné les résultats attendus doivent nous conduire à modérer notre optimisme. Néanmoins, il ne fait aucun doute que le problème de la mécanisation de la récolte de sucre peut et doit être résolu et il est parfaitement logique que Cuba, premier producteur mondial de sucre de canne, soit le premier à le résoudre. Si le succès est maintenant réellement en vue, l'anticipation faite par Fidel des immenses avantages à venir est pleinement justifiée.

Cuba a un autre besoin technologique, aussi important que la mécanisation de la récolte de canne. C'est le besoin d'irrigation. L'une des raisons en est la fréquence et la sévérité des sécheresses qui ont si souvent affecté dans le passé la production agricole cubaine.[7] Mais il y en a d'autres. Les pluies, quand elles arrivent, tombent souvent en trop grande abondance pendant quelques jours (particulièrement pendant les ouragans, fréquents aux Caraïbes en été et en automne), et il en résulte des inondations générales. Les barrages ont donc une double utilité : retenue des eaux et contrôle de leur débit. Mais, fait encore plus important, une irrigation convenable peut éliminer presque complètement de l'agriculture cubaine le facteur saisonnier. Mises à part les précipitations, le climat cubain est tel que les plantes peuvent pousser avec à peu près la même facilité en toutes saisons. Ainsi, l'irrigation permettra, d'une part l'utilisation continuelle de la terre arable et, partant, de nombreuses récoltes, et d'au-

---

7. Voir ci-dessus, pp. 92-95.

tre part la réalisation d'opérations, telles que l'élimination des poussées saisonnières de la demande de main-d'œuvre agricole. On ne saurait sous-estimer l'importance de ce dernier facteur. Avec la moissonneuse mécanique de canne à sucre, il rendra possible un changement radical des besoins de main-d'œuvre à la campagne. Une force de travail peu nombreuse, d'un bon niveau technique, et employée régulièrement pendant toute l'année, suffira. Dans un discours prononcé à l'occasion de l'inauguration de plusieurs barrages dans la province d'Oriente, le 30 mai, Fidel a abordé le problème de cette manière :

« ... Cet ensemble d'ouvrages d'irrigation permettra de répartir les travaux sur l'année entière et nous aurons une agriculture grandement diversifiée, très développée, hautement moderne, tirant profit de tous les avantages naturels d'une zone géographique où le soleil brille toute l'année. S'il y a du soleil, et de l'eau, et des engrais, les cultures se développeront tout au long de l'année. Et alors — grâce à la maîtrise de l'homme — notre climat tropical, autrefois un obstacle sur la voie du progrès, deviendra un merveilleux ami de l'homme. »[8]

A la différence de la mécanisation de la récolte, l'irrigation n'exige pas de nouvelles inventions. Mais à Cuba, elle a nécessité le développement d'une branche de l'économie qui était virtuellement inexistante avant la Révolution. Inévitablement, ce processus a été long, difficile et coûteux. Une étude récemment publiée par *Granma* donne de l'état actuel du programme d'irrigation, le compte rendu suivant[9] :

« Conservons chaque goutte d'eau ! Tel a été l'objectif d'un extraordinaire programme d'irrigation sur l'ensemble du territoire cubain. Des barrages sont en cours de construction de Guane, à l'ouest, jusqu'à Guan-

---

8. « Granma », 9 juin 1968.
9. « L'offensive révolutionnaire à l'œuvre dans le domaine de l'irrigation », « Granma », 23 juin 1968.

tanamo, dans l'est et également dans l'île des Pins. Des milliers d'ouvriers et de techniciens construisent, construisent fiévreusement, s'efforcent de transformer les paroles de notre Premier Ministre en réalité. De nouveaux projets sont déjà en cours de réalisation. L'eau est maintenant emmagasinée, au lieu de se perdre dans la mer. Le barrage de Caonao inauguré... Ceux d'El Mate et de Paso Malo près d'être achevés... Les digues de retenue s'élèvent aux barrages de Siguaney, de Rio del Medio-Las Nuevas et de Cristal... Pour retenir cinquante-deux millions de mètres cubes (presque quatorze milliards de gallons) d'eau sur la rivière Cuyaguateje, et vingt-trois millions de mètres cubes (plus de six milliards de gallons) sur la rivière Salado cette année... Plusieurs barrages achevés dans la Ceinture Verte de La Havane... Les barrages Ramirez et Sofia en construction dans la province de Camagüey... Ceux de Tacajo et Clotilde dans la province d'Oriente... Un programme de construction de petits réservoirs est en cours dans tout le pays... Deux réservoirs achevés pour le développement de la culture du haricot à Velasco, dans la province d'Oriente[10].

« Chaque information nouvelle concernant ces travaux reflète le dur — et parfois même héroïque — travail d'un peuple en révolution, d'un peuple qui devient de plus en plus conscient de l'importance, pour l'avenir de son pays, de se rendre maître des ressources en eau.

« Lorsque la Révolution prit le pouvoir, il n'y avait, dans tout Cuba, que six barrages achevés et en état de fonctionnement. La capacité totale de ces barrages n'atteignait pas trente millions de mètres cubes (moins de huit milliards de gallons). Ces réservoirs faisaient partie du système de distribution d'eau des villes de Santa Clara, Camagüey, Holguin et Santiago de Cuba.

---

10. La ponctuation de ce paragraphe est celle du texte original. Elle ne signifie pas qu'il y a des omissions.

La station hydro-électrique de Habanilla — avec une retenue d'eau créée par les barrages de Jibacoa et Haba-nilla — n'était pas entièrement construite. Les travaux ont été achevés par la Révolution à la fin de 1962. Les plans de cette station avaient été établis par une firme américaine. Celle-ci dirigeait également les travaux. Il n'y avait rien d'autre, pas même un petit barrage de quelque importance pour l'irrigation des terres arables.

« La nation possédait peu de spécialistes connaissant la technique de construction des barrages. On ne dispo-sait même pas des informations les plus élémentaires concernant le débit des rivières et le niveau des pluies dans leurs bassins. Il n'y avait pas de géologues pour la recherche des sites appropriés. Peu d'équipements étaient disponibles pour la construction. En fait, il était nécessaire de commencer par le commencement, de partir de zéro sur la route du développement.

« Très peu de temps après le triomphe de la Révo-lution, le travail commença sur plusieurs barrages. Cependant, ce n'est qu'après la création de l'Institut National des Ressources en eau (1962) que ce travail progressa à un rythme soutenu...

« Il faut souvent des années pour achever des bar-rages, des années pendant lesquelles des machines, des matériaux et des centaines d'ouvriers sont attachés à leur réalisation. Ces ressources matérielles et humaines, si elles étaient utilisées dans d'autres branches de l'éco-nomie, seraient peut-être plus immédiatement rentables. Toutefois, c'est seulement en faisant ces investissements que nous serons capables d'assurer des réserves d'eau suffisantes. Nous pouvons nous en rendre compte avec les réservoirs déjà construits, qui commencent mainte-nant à être payants.

« En jetant un coup d'œil sur le passé, en compa-rant nos réalisations avec ce qui existait autrefois, en comparant notre rythme de travail actuel avec ce qui était fait auparavant, nous avons toutes les raisons d'être fiers. Mais le tableau est quelque peu différent, si nous considérons ce qui reste à faire. Même le complet achèvement de tout ce programme ne sera pas suffisant pour nous mettre tout à fait à l'abri de la sécheresse. Nous avons fait d'importants progrès, mais la route est longue. Nous devons maintenant avancer à un rythme accéléré. Telle est la signification de l'offensive révolutionnaire dans le domaine de l'irrigation. »

Dans son discours du 30 mai, Fidel a déclaré que *d'ici cinq ans nous serons capables d'irriguer plus de 50 % des terres arables du pays.* Cela signifie qu'il y aura encore du chemin à faire à la fin de cette période de cinq années. On peut donc affirmer que les travaux d'irrigation continueront pendant les années 1970, que les bienfaits du programme augmenteront graduellement au fur et à mesure de sa réalisation. Ici, comme pour la mécanisation de la récolte de la canne, les perspectives sont favorables, mais il s'agit d'un effort de longue durée et, dans l'intervalle, il ne faut pas s'attendre à des miracles.

Nous avons concentré notre attention sur les problèmes de la récolte de la canne et de l'irrigation parce qu'ils sont au sens propre décisifs pour l'avenir de Cuba. S'ils sont un jour résolus, le problème de la main-d'œuvre sera réglé en même temps, et le pays sera enfin en mesure de réaliser les grands rêves de diversification agricole et industrielle qui ont inspiré le mouvement révolutionnaire depuis l'époque de José Marti. Lorsque ce jour sera atteint, les problèmes technologiques de Cuba seront assurément encore plus nombreux et variés qu'ils ne le sont aujourd'hui. Mais ils ressembleront davantage à ceux des autres sociétés qui ont échappé au virus du sous-développement et il n'est pas nécessaire de les analyser dans le cadre limité de cette étude. Il y a cependant deux domaines dans lesquels Cuba fait face ou fera bientôt face à des problèmes spécifiques. Ils méritent d'être mentionnés, ne serait-ce que brièvement.

Le premier est une meilleure utilisation de la canne à sucre. Dans son discours du 30 mai, Fidel a communiqué une intéressante statistique :

« La canne, a-t-il dit, est une plante privilégiée des tropiques, qui peut absorber davantage d'énergie solaire que n'importe quelle autre plante au monde. Qu'il nous suffise de dire qu'une *caballeria* (13,4 hectares) de terre, produisant environ 100 000 *arrobas* de canne — ce qui, comme vous le savez, n'est pas un rendement difficile à obtenir avec l'irrigation et même sans irrigation si les pluies sont suffisantes, avec des engrais et de bons soins culturaux — peut produire cinq fois plus de substances nutritives qu'une *caballeria* de maïs américain normal.

« Les Etats-Unis obtiennent de hauts rendements pour le maïs et, malgré cela, la valeur nutritive de la canne, à égalité de surfaces cultivées, est de cinq fois supérieure à celle du maïs. »

Pour l'essentiel, Cuba traite encore cette plante hautement productive par les moyens traditionnels. Elle est transformée en sucre brut et en sucre raffiné dans les 151 moulins du pays, surtout pour l'exploitation ; et les sous-produits (mélasses, bagasse, cire de sucre de canne) sont aussi traités, pour l'essentiel, par les procédés traditionnels. Les mélasses (on en produit environ un million et demi de tonnes par an) sont vendues telles quelles ou transformées en rhum ; la bagasse (résidu de la canne après que le jus en a été exprimé) sert de combustible pour le fonctionnement des moulins. Naturellement, d'autres utilisations sont connues, et dans une mesure limitée, appliquées. Comme nous l'avons indiqué plus haut, par exemple, quelque 75 000 tonnes de sucre ont été converties en mélasses pour nourrir le bétail et le conserver en vie pendant la dure sécheresse de l'hiver et du printemps derniers. La bagasse sert également à fabriquer du papier. Mais, dans l'avenir, il faudra faire bien plus dans ce sens et de nouvelles utilisations pour les sous-produits du sucre devront être recherchées.

On a déjà commencé à produire des levures de torula à base de mélasses. Celles-ci ont une haute teneur en protéines. Elles doivent devenir un important élément du régime alimentaire des animaux, qui souffrent généralement d'un manque de protéines (les nourritures à base de poisson, provenant de l'industrie cubaine de la pêche en rapide expansion, offrent une autre possibilité dans ce domaine). Mais ce qui semble de loin la perspective la plus prometteuse pour le proche avenir est l'utilisation des mélasses pour l'alimentation du bétail, non seulement en cas de nécessité, mais d'une façon régulière, en en faisant l'élément essentiel de la ration. Des études sont entreprises à ce sujet par l'Institut de la Science Animale de Guines, près de La Havane, une installation ultra-moderne placée sous la direction de l'un des meilleurs zoologistes britanniques, T.R. Preston, qui enseigna auparavant à Aberdeen. Il a été démontré déjà que d'excellents résultats peuvent être obtenus au moyen de rations contenant un pourcentage de mélasses et d'urée (source d'azote) beaucoup plus élevé que celui que l'on considérait jusqu'ici comme possible. L'importance potentielle de cette découverte, qui peut contribuer à établir une solide base alimentaire pour l'élevage cubain, est d'autant plus grande que les cours internationaux du sucre sont bas et ceux de la viande élevés. Selon les indications approximatives que l'on nous a données, ces mélasses, vendues actuellement de 15 à 18 dollars la tonne, pourraient être transformées en viande, d'une valeur de 35 dollars la tonne.

Certains observateurs pensent qu'à long terme, la canne à sucre peut devenir la matière première de base pour toute l'industrie chimique, comme l'est actuellement le pétrole. Un Institut spécial, pour la recherche sur les produits de la canne à sucre, a été créé pour explorer cette possibilité.[11] Mais ceci n'est pas pour demain : comme la plupart des pays sous-développés, Cuba manque de la tradition et de l'infrastructure scientifiques nécessaires pour lancer le programme, complexe et varié, de développement et de recherche dont il aurait besoin.

L'autre problème auquel Cuba doit faire face est l'utilisation de ses réserves abondantes de latérite. Jusqu'ici, ce minerai a été exploité principalement, en raison de sa teneur en nickel, par les complexes de Moa et de Nicaro, sur la côte nord de la province d'Oriente. Mais il a également une haute teneur en fer (et ceci reste vrai du minerai dont le nickel a été extrait : il est stocké pour l'avenir), et tôt ou tard (comme nous l'avons déjà noté p. 102) il formera la base d'une importante industrie du fer et de l'acier. Le président Dorticos nous a dit que les principaux problèmes techniques avaient déjà été résolus (soit par les Cubains, soit par des savants et techniciens d'autres pays socialistes, il n'a pas précisé). Il a ajouté qu'il ne restait plus maintenant qu'à trouver des crédits étrangers en quantité suffisante. Mais il faudrait des centaines de millions de dollars. Et comme Cuba a des besoins plus immédiats et plus urgents à satisfaire avec les trop rares crédits étrangers, il faudra attendre un certain nombre d'années avant que des mesures pratiques puissent être prises pour mettre en œuvre un projet aussi ambitieux. En attendant, la recherche sur « l'utilisation complète des latérites » est menée par la « Consolidated Nickel Enterprise », qui dirige les usines de Moa et de Nicaro. « Ces enquêtes, indique un document officiel, sont extrêmement importantes parce qu'elles réclament un plus

---

11. Quelques détails sont fournis par « Le Développement Industriel à Cuba », rapport présenté par la délégation cubaine au Symposium International sur le Développement Industriel, 1967, pp. 41, 46-47.

grand rendement des usines de nickel. En même temps, elles peuvent être d'une importance capitale pour assurer à l'industrie du fer et de l'acier les matières premières indispensables. »[12]

12.   Ibid., p. 43.

CHAPITRE XI

ECONOMIE ET POLITIQUE

Ecrivant probablement à la fin de 1966 ou au début de 1967, Edward Boorstein, après avoir noté les nombreux problèmes et difficultés auxquels la Révolution cubaine doit faire face, poursuit :

« Mais à la fin de cette décennie, les bénéfices du socialisme commenceront à se faire pleinement sentir à Cuba. La dépendance envers les fournitures américaines pour le maintien en état et la réparation de l'équipement sera beaucoup moins aiguë. La production accrue de sucre, de nickel et de viande aura résolu le problème de la balance des paiements et commencé de la rendre bénéficiaire. La production accrue de lait et de viande, de poulets et d'œufs, de porcs et d'autres produits agricoles aura considérablement amélioré le ravitaillement. La production de chaussures et de vêtements aura également beaucoup augmenté. La grande expansion des industries du ciment et de la construction permettra la mise en œuvre d'un grand programme de logement. Fidel a déclaré qu'en 1970, on fournirait 100 000 unités de logement par an, soit une augmentation de plus de cinq fois par rapport à la moyenne de 1959-1963. Les programmes d'éducation auront permis de former des dizaines de milliers de techniciens, ce qui permettra, compte tenu de l'amélioration de la balance des paiements, une accélération de l'industrialisation.

« Tout ceci pourra demander une année ou deux de plus ou une année ou deux de moins. Peu importe ce détail qui n'intéressera que ceux qui sont payés pour chercher la petite bête contre le socialisme dans les journaux bourgeois. Vues à l'échelle de l'Histoire, les difficultés économiques du début de la Révolution n'auront duré qu'un instant. »[1]

Si cela avait été vraiment une affaire « d'un an ou deux de plus ou d'un an ou deux de moins », Boorstein aurait eu, sans aucun doute, raison. Mais nous sommes presque en 1969, et il est clair que la plupart des objectifs envisagés ne sont pas encore en vue. La dépendance vis-à-vis des fournitures américaines a été largement surmontée — c'est vrai. Mais le problème de la balance des paiements est loin d'avoir été résolu ;[2] sur le plan du ravitaillement, les Cubains connaissent toujours une dure austérité ; les chaussures et les vêtements sont toujours aussi rares ; et la construction de nouveaux logements ne couvre ni les besoins dus à l'accroissement de la population, ni ceux dus à la nécessité de renouveler les maisons et immeubles devenant vétustes.[3]

Il nous semble plus réaliste d'estimer à la seconde

---

1. Boorstein, op. cit., p. 225.

2. On peut trouver des indications sur la situation de la balance des paiements de Cuba dans les statistiques sur le commerce soviéto-cubain. Au cours des sept années 1961-1967, les importations cubaines en provenance de l'U.R.S.S. ont dépassé en moyenne de 114,8 millions de roubles par an ses exportations vers l'U.R.S.S. Mais en 1966, le déséquilibre s'est élevé à 174,6 millions de roubles, et en 1967, à 220 millions. Ces déficits ont probablement été couverts par des prêts et des crédits soviétiques (statistiques extraites, pour 1966, de « Vneshniaia Torgolia SSSR, Statisticheskii Sbornik, 1918-1966 », Moscou, 1967, p. 69) ; pour 1967 d'une information donnée par Harry Schwartz dans la rubrique financière du « New York Times », le 5 juillet 1968).

3. Information fournie par le président Dorticos, qui nous a dit également qu'en mars 1968, le rythme de la construction n'était que de 10 000 unités par an.

partie de la décennie de 1970 le moment où la solution des principales difficultés économiques sera réellement en vue. Assurément, ce délai n'est pas excessif. Vu sous l'angle historique, il serait même très satisfaisant. Pour quelque pays que ce soit, surmonter en deux décennies l'héritage du colonialisme et du sous-développement serait une magnifique réalisation. Mais peut-on dire, dans le contexte cubain, qu'une différence non « d'une année ou deux de plus », mais disons de sept ou huit ans de plus, n'aurait pas une grande importance, sauf pour les détracteurs du socialisme ?

La réponse, malheureusement, est non. Il y a une intime interpénétration entre les phénomènes économiques et politiques, dont la nature précise diffère d'un pays à l'autre, d'une époque à l'autre. L'analyse de la portée et des conséquences des développements économiques ne peut ignorer cette interpénétration ; elle doit également tenir compte des conditions et des structures spécifiques du pays considéré.

Cuba a été le dernier des pays indépendants latino-américains à se débarrasser du joug espagnol et le premier à devenir une néo-colonie typique des Etats-Unis. Ainsi, malgré un passé magnifique de lutte pour l'indépendance — remontant à la guerre de dix ans qui commença il y a juste cent ans (octobre 1868) et comprenant la guerre d'Indépendance (1895-1898) et les révolutions manquées de 1906 et de 1933-1934 — les Cubains n'avaient aucune tradition de self-gouvernement, ni sur le plan local, ni sur le plan national.

La Révolution dirigée par Fidel Castro et son mouvement du 26 juillet doit être placée dans ce contexte historique. La tactique de la guérilla, adoptée par les révolutionnaires après l'échec de leurs deux tentatives de provoquer un soulèvement national contre la dictature de Batista (Moncada en 1953 et le débarquement de *Granma* en 1956) était entièrement conforme à la tradition des luttes armées menées par les héros nationaux tels que Carlos Manuel de Cespedes, Maximo Gomez, Antonio Maceo et José Marti. Mais la zone des opérations de guérilla était limitée aux régions montagneuses et à la population clairsemée de la province d'Oriente. Ainsi, seule une très petite minorité du peuple cubain eut l'occasion d'acquérir les inestimables qualités d'initiative, d'imagination, de confiance en soi qui découlent de la participation à une guerre populaire de libération. Le gouvernement populaire qui prit le pouvoir dans les premiers jours de janvier 1959, à la suite de l'effondrement dramatique du régime de Batista, eut, malgré lui, avec le peuple des rapports paternalistes, en raison de la nature même de la situation. Ces rapports, découlant de l'évolution historique, ont continué d'exister jusqu'à maintenant, en partie à cause d'une certaine inertie qui joue toujours son rôle aussi bien socialement que physiquement, mais surtout parce que toute tentative d'y mettre fin aurait certainement soulevé d'insurmontables difficultés.

Les politiciens cubains, depuis l'époque de la fondation de la République, ont toujours été prodigues de promesses, mais avares de réalisations. Fidel comprit très bien le danger que cet héritage du passé représentait pour le nouveau régime révolutionnaire. Si la Révolution n'apportait pas rapidement des avantages tangibles aux masses, celles-ci abandonneraient bientôt le formidable enthousiasme soulevé par la perspective d'un *new deal*, et reviendraient au cynisme d'autrefois. D'où le tourbillon de réformes promulguées et mises en œuvre par le nouveau gouvernement dès les premiers mois de 1959 : baisse des prix et des loyers, augmentation des salaires, développement de l'éducation, amélioration de la santé publique et surtout la réforme agraire historique du 17 mai. Absolument rien de semblable n'était jamais arrivé dans l'histoire de Cuba. Et — ironiquement, mais combien heureusement — l'exploitation et la misère auxquelles Cuba avait été soumise dans le passé vinrent en aide à la Révolution. Partout il y avait des ressources inutilisées, chômeurs, terres en friches, stocks accumulés de matières premières et de produits finis qui devenaient maintenant de précieuses réserves dans lesquelles on pouvait puiser pour accroître la production et élever le niveau de vie.[4] En ce qui concerne les masses populaires (pour les riches, c'est une autre histoire, dont nous ne parlerons pas ici), les succès remportés par la Révolution cubaine dans ses premières années furent stupéfiants, et presque certainement, sans précédent, dans aucune révolution antérieure. Les masses s'imprégnèrent d'un sentiment général de dévotion et de fidélité au nouveau gouvernement et à son chef suprême, Fidel Castro. Maurice Zeitlin, utilisant les techniques sophistiquées de la recherche sociologique américaine, nous a renseignés sur l'étendue surprenante de ces sentiments, vers 1962, parmi la classe ouvrière urbaine, bien que cette classe n'ait joué qu'un rôle mineur dans le processus révolutionnaire avant 1959.[5]

Ce serait une erreur d'expliquer seulement par les avantages matériels la sympathie du peuple pour le gouvernement révolutionnaire. Il y eut aussi l'immense joie que provoqua le renversement de la domination des patrons cubains et étrangers, la fierté nationale de pouvoir tenir tête aux Etats-Unis, la satisfaction de

---

4. Après notre première visite à Cuba, en mars 1960, après la Révolution, nous avons parlé dans notre livre de « quelque chose qui nous a énormément frappé pendant notre séjour, à savoir à quel point des résultats importants et rapides pouvaient être obtenus rien qu'en éliminant quelques-uns des pires abus et gaspillages de l'ancien régime. En d'autres termes, il y avait un très large potentiel inutilisé (ou mal utilisé) dans l'économie et la société cubaines et cette circonstance a permis au nouveau régime d'accomplir rapidement, et avec une relative facilité, certaines choses qui, dans des conditions moins favorables, auraient demandé des années ». (Cuba : Anatomie d'une Révolution, p. 95.) La même idée est également soulignée par Boorstein dans « La transformation économique de Cuba », particulièrement pp. 81-83.

5. Maurice Zeitlin, « Revolutionary Politics and the Cuban Working Class » (Princeton : Princeton University Press, 1967).

constater que la toute petite Cuba était devenue l'objet de l'attention et de l'intérêt du monde entier. Tous ces facteurs, ajoutés à l'amélioration des conditions de vie, créèrent un courant populaire, en faveur du gouvernement révolutionnaire, d'un niveau qualitatif et quantitatif sans précédent dans l'histoire.

Les dirigeants révolutionnaires peuvent avoir vu dans cette situation une occasion de tenter le difficile exploit de faire contribuer plus directement le peuple à la gestion des affaires, de forger des institutions populaires de participation et de contrôle et d'encourager les masses à s'en servir, à assumer des responsabilités croissantes, à prendre part à l'élaboration des grandes décisions qui règlent leurs vies. En pratique cependant, les relations entre le gouvernement et le peuple sont demeurées paternalistes, Fidel Castro jouant de plus en plus le rôle décisif, définissant les aspirations et les besoins du peuple, les traduisant en décisions politiques et expliquant continuellement la marche à suivre et les obstacles à surmonter.

Il dépend essentiellement de deux conditions que ce système fonctionne sans à-coups. La première est que le gouvernement, par l'intermédiaire de Fidel, interprète correctement les aspirations et les besoins du peuple. La seconde est qu'il ne commette pas d'erreurs de nature à mettre en cause la confiance du peuple en ses dirigeants. La première de ces conditions a toujours été remplie. La seconde l'est-elle : voilà la grande question, la question cruciale qui se pose à la Révolution cubaine au moment où elle entame la deuxième décennie de son existence.

Il ne s'agit pas ici des faux pas ou des erreurs de calcul ordinaires. Le gouvernement cubain en a fait des quantités sans que cela menace pour autant ses rapports avec le peuple. Le genre d'erreur dont il est question est beaucoup plus fondamental, car il concerne l'allure du processus de développement économique. Comme la plupart des grands révolutionnaires,

Fidel a toujours été optimiste. Et son expérience de la conquête du pouvoir, deux ans seulement après que lui-même et les dix autres survivants du débarquement de *Granma* aient trouvé dans les montagnes une relative sécurité, a dû le convaincre qu'il n'y a virtuellement aucune limite à ce qu'il est possible de réaliser grâce à l'énergie et à la détermination révolutionnaires. Et cette conviction n'a pu être que renforcée par les grands succès des cinq premières années de la Révolution, dont nous avons déjà parlé. Dans ce contexte, il n'est pas surprenant que lorsque Cuba dut faire face, en 1962-1963, aux sévères réalités du sous-développement colonial, Fidel et ses compagnons aient surestimé les possibilités à court terme du pays, et parallèlement aient sous-estimé le temps qui serait nécessaire pour surmonter l'héritage du passé et atteindre la grand-route du développement économique indépendant.

Maintes et maintes fois, des objectifs démesurés ont été fixés, des promesses qui ne pouvaient être tenues ont été faites, des espoirs n'ont été soulevés que pour être déçus. Des déclarations dans le genre de celles d'Edward Boorstein, citée au début de ce chapitre — selon laquelle, « à la fin de cette décennie, les bénéfices du socialisme commenceront à se faire sentir à Cuba » — étaient courantes jusqu'à il y a deux ans. Et elles le sont encore, bien que l'horaire prévu ait été ralenti : quand nous étions à Cuba, en février et mars 1968, on parlait de 1970. Il est probable qu'en 1970, la date de l'objectif à atteindre sera un peu plus lointaine.

Pendant combien de temps pourra-t-on continuer ainsi avant que la déception et le cynisme ne sapent les liens qui unissent le peuple à son gouvernement ? Si la réponse était : de cinq à dix ans, nous dirions pour notre part qu'il n'y a pas trop de soucis à se faire. Avant la fin de la décennie 1970, peut-être bien avant, Cuba pourrait avoir doublé le cap. Sa stratégie de développement pourrait avoir fait ses preuves. Son travail et ses sacrifices pourraient avoir trouvé leur récompense. Alors, dans de meilleures conditions, les tensions ayant diminué, le peuple et le gouvernement pourront commencer à asseoir leurs relations mutuelles sur des bases plus fermes et plus durables.

Mais il faut aussi envisager la possibilité que les choses prennent un tour différent, qu'une détérioration sérieuse des rapports entre le peuple et le gouvernement se produise bien avant qu'une amélioration décisive de la situation économique commence à se faire sentir. En fait, certains observateurs, à Cuba et à l'étranger, estiment que des signes d'une telle détérioration sont déjà visibles et que le baromètre politique cubain annonce l'orage.

Les preuves de cette appréciation sont de celles qu'il est difficile d'évaluer du dehors. Assurément, il n'était pas nécessaire de séjourner bien longtemps à Cuba l'hiver et le printemps derniers pour sentir une sorte de malaise allant bien au-delà des plaintes habituelles concernant la pénurie des biens de consommation, le manque des services indispensables (particulièrement les réparations de toutes sortes), et les autres difficultés de la vie de tous les jours (par exemple, dans de nombreux quartiers de La Havane, l'eau courante n'est distribuée que deux ou trois heures par jour). Il nous a semblé que l'on avait davantage tendance à blâmer le gouvernement qu'à penser que les choses allaient bientôt s'améliorer. Les « bonnes histoires » commençaient à circuler sur les « merveilles » attendues pour 1970. On entendait dire que des connaissances, que l'on croyait des soutiens loyaux de la Révolution, avaient décidé de quitter le pays.[6] Et des mili-

---

6. Selon des statistiques gouvernementales américaines, jusqu'à l'année dernière, 370 000 Cubains avaient émigré aux Etats-Unis, et pas moins de 700 000 de plus étaient candidats à l'émigration. « Resettlement Re-Cap, A Periodic Report from Cuban Refugee Center » (Miami, Florida : Freedom Tower,

tants de longue date avaient tendance à se décourager et à se sentir frustrés. Ils sentaient que tout n'allait pas pour le mieux et que la critique constructive était ignorée, ou pire encore, dénoncée comme une aide et un encouragement aux ennemis de la Révolution.

L'existence de tendances au malaise et au mécontentement a été reconnue ouvertement par Fidel dans son important discours du 13 mars 1968. Quelques extraits de ce discours montreront la profondeur évidente de son inquiétude :

« Nous savons qu'il y a plusieurs questions dans l'air ; nous savons que de nombreuses personnes attendent une occasion comme celle-ci pour entendre publiquement notre opinion sur ces questions. Il est vrai qu'aux premiers jours de la Révolution, l'opinion publique de la capitale qui a toujours eu pour caractéristique — et je le dirai en toute franchise — d'être quelque peu inconsistante, demandait que nous parlions régulièrement à la télévision pour expliquer toutes sortes de problèmes, primordiaux ou secondaires... Pourquoi ? A cause précisément de cette certaine inconsistance qui caractérisait l'opinion publique, surtout dans la capitale, avec ses périodes d'optimisme et de pessimisme, d'enthousiasme et de découragement... Il n'est plus nécessaire maintenant d'expliquer un problème chaque semaine ou chaque jour, mais il est devenu évident pour nous que l'opinion publique réclame des explications concernant certaines questions... Concrètement, nous voulons faire allusion aux motifs de protestation — oui, de protestation — aux motifs d'un certain mécontentement, d'une certaine fermentation des esprits liée au problème de la disponibilité des biens de consommation, et fondamentalement, à plusieurs mesures concrètes, telles que la suspension intervenue

Septembre 1967), p. 1. (Ces rapports, décrits comme « réservés à l'usage administratif », sont établis par le service social de Reclassement du Ministère de la Santé, de l'Education et de l'Assistance sociale).

ces derniers mois de la ration de lait pour la population adulte de La Havane. Certaines personnes ne sont apparemment pas satisfaites des explications données dans la presse, et si certaines personnes ne sont pas satisfaites, alors il est possible que celles d'entre elles qui sont bien intentionnées aient raison...

« En réalité, nous nous sommes demandé quelles pouvaient être les raisons de ce genre de malaise, de cette sorte d'incertitude qui sont évidentes... En partie, elles ont une base réelle dans de réelles difficultés et, en partie, elles sont liées à certaines circonstances, comme, par exemple, les relations internationales de notre Parti et de notre gouvernement. Il est possible que la nécessité de rationner l'essence et les circonstances qui ont entouré la réunion du Comité Central au cours de laquelle le courant pseudo-révolutionnaire, les éléments de la micro-fraction, ont été sévèrement jugés, aient contribué à créer un certain climat d'inquiétude et d'incertitude. Et, comme je l'ai dit, tout cela est lié à de réelles difficultés...

« Notre peuple se caractérise toujours par son grand enthousiasme, par sa capacité de décision aux moments décisifs. C'est un peuple capable de donner sa vie même à n'importe quelle heure, n'importe quel jour. Un peuple capable de faire preuve d'héroïsme à tout moment. Mais c'est un peuple qui manque encore de cet héroïsme quotidien, qui manque encore de ténacité, un peuple qui ne sait pas encore faire preuve de courage et d'héroïsme non seulement dans les moments dramatiques, mais dans la vie courante, dans le travail quotidien. Cela veut dire que dans son héroïsme, il manque encore de ténacité, de persévérance...

« A la lumière de ces faits, de ces circonstances, de ces facteurs objectifs et de cette sorte de malaise, de cette sensibilité aux rumeurs, je veux approfondir ce soir certaines choses. Pour votre information, permettez-moi d'aborder quelques-uns des problèmes réels, d'expliquer en quoi ils consistent. »

Fidel semble suggérer ici que le principal problème est l'inconstance de l'opinion publique dans la capitale, et ceci n'est pas uniquement un point de vue officiel. Des amis bien informés qui se trouvaient à Cuba à peu près au même moment que nous, et dont le point de vue sur la situation à La Havane coïncide largement avec le nôtre, nous ont dit, après avoir séjourné plus longtemps que nous à la campagne et y avoir étudié la situation de plus près que nous n'avons pu le faire, que les sentiments des paysans et des habitants des petites villes leur avaient paru aussi enthousiastes que par le passé.

Les preuves ne sont donc pas concluantes et l'on pourrait soutenir qu'il n'y a aucun changement important dans les relations entre le peuple et le gouvernement, s'il n'y avait pas eu certains actes du gouvernement lui-même. Le plus important de ceux-ci, et de loin, a été la suppression de ce qu'on a appelé la microfraction en janvier 1968. Il s'agit d'un événement politique considérable, que l'on ne peut ignorer. Beaucoup de choses dépendent de l'interprétation qu'on lui donne.

Une session plénière du Comité Central du Parti Communiste se tint à La Havane les 24, 25 et 26 janvier. Le dernier jour, Fidel fit un rapport qui commença à midi vingt et dura, avec quelques interruptions, jusqu'à plus de minuit.[7] Ce rapport n'a pas été rendu public, pas même en partie. Les documents concernant la microfraction qui ont été publiés sont les suivants :

1. Les documents du Comité Central intitulés : « Anibal Escalante et d'autres traîtres à la Révolution renvoyés devant les Tribunaux Révolutionnaires », et « José Matar exclu du Comité Central, Ramon Calcines exclu du Comité Central et du Parti ».

2. Un rapport remplissant six pages entières de

---

7. Tous ces faits et citations sont extraits des éditions hebdomadaires de « Granma » des 4 et 11 février.

journal, lu au Comité Central par le commandant Raul Castro, président de la Commission des Forces Armées Révolutionnaires et de Sécurité d'Etat du Comité Central.

3. Le texte d'un discours prononcé par Carlos Rafael Rodriguez devant le Comité Central.

4. Le « Discours du Procureur au procès d'Anibal Escalante et de 36 autres devant le Tribunal Révolutionnaire ».

Cette liste montre clairement que le gouvernement voulait donner à l'affaire la plus large publicité possible, et il n'y a aucun doute que pendant le mois de février la microfraction était le sujet le plus largement et le plus intensément discuté à Cuba. La première des déclarations du Comité Central mentionnées ci-dessus résumait succinctement la position du gouvernement. Nous reproduisons donc ce document intégralement :

« Le Comité Central de notre Parti, qui s'est réuni les 24, 25 et 26 janvier, a entendu un rapport de sa Commission des Forces Armées et de la Sécurité d'Etat concernant les activités menées par la microfraction. Il a analysé les différents aspects du rapport et a été en mesure de prouver les faits suivants :

Premièrement : un très petit groupe de sectaires incorrigibles, aigris et opportunistes, dirigé par Anibal Escalante, a organisé une microfraction et mené des activités contre-révolutionnaires qui devront être jugées par les tribunaux révolutionnaires.

Deuxièmement : ceux qui ont formé cette infinitésimale microfraction ne se sont jamais adressés aux organismes réguliers du Parti pour exprimer leur point de vue. Au lieu de cela, ils s'employaient à propager leurs divergences idéologiques parmi certains militants du Parti Socialiste du Peuple, et quelques opportunistes qui, pendant l'époque du sectarisme, avaient obtenu, dans le Parti et le Gouvernement, des postes sans rapport avec leur mérite révolutionnaire.

Troisièmement : parmi les activités les plus nuisibles de ces éléments sectaires, figurent notamment les suivantes : « attaques, par des intrigues, contre les principales mesures de la Révolution ; distribution de propagande clandestine contre la ligne du Parti ; tentative de présenter une orientation dénaturée à plusieurs cellules du Parti ; présentation de données fausses et calomnieuses sur les plans de la Révolution à des personnalités officielles de pays étrangers, avec l'intention de porter atteinte aux relations internationales de Cuba avec d'autres gouvernements ; soustraction de documents secrets du Comité Central et du ministère de l'Industrie de Base ; et propagation de divergences idéologiques parmi certains militants venus des rangs du Parti Socialiste du Peuple. Ces éléments ont également commis d'autres actes qui relèvent aussi des Tribunaux Révolutionnaires ».

Anibal Escalante et ceux qui ont soutenu ces activités ont reconnu leurs responsabilités.

Le Comité Central est parvenu aux conclusions suivantes :

1. La responsabilité politique et criminelle de ces actes a été aggravée par ce qui suit ·

En diverses occasions, le camarade Fidel Castro a lancé des avertissements publics à propos des activités de la microfraction. Précisément, dans son discours de clôture de la Conférence de l'OLAS, Fidel Castro a fait une analyse du problème et a dénoncé concrètement de telles activités. Le camarade Raul Castro a également fait des mises en garde et lancé des avertissements à propos de ces problèmes. En de nombreuses occasions, plusieurs éléments de la microfraction ont été convoqués pour s'expliquer sur leurs idées et leurs attitudes opposées à la ligne de la Révolution. Plusieurs camarades avertirent personnellement ces sectaires aigris et incorrigibles du danger de la voie qu'ils suivaient. Aucun de ces avertissements n'a été pris à cœur, ni n'a été capable d'empêcher ce groupe minuscule de continuer ses activités hostiles à la Révolution.

2. Il est important de faire clairement la distinction entre la conduite du groupe de sectaires incorrigibles et aigris qui, venus des rangs du Parti Socialiste du Peuple, sont tombés dans ces déviations idéologiques et ont mené les activités criminelles ci-dessus mentionnées, et la conduite honnête, désintéressée, révolutionnaire et communiste de la quasi-totalité des hommes et des femmes qui, issus des mêmes rangs, ont conservé dans le passé, et conservent actuellement, une position sincère, loyale et communiste.

Certains éléments de la microfraction sont des individus corrompus et immoraux qui ont accédé à des postes dans le gouvernement et le Parti pendant la période de sectarisme.

D'autres — seulement quelques-uns d'entre eux — qui avaient gardé dans le passé une attitude révolutionnaire, commençaient à montrer une tendance à la corruption personnelle.

En général, les personnes mises en état d'arrestation ne peuvent être considérées comme représentatives des militants révolutionnaires venant de l'ancien Parti Socialiste du Peuple.

3. Il est également important de souligner que les individus qui ont commis ces crimes contre la Révolution, ne détiennent à présent aucun poste de direction dans le Parti. Ils représentent seulement neuf membres du Parti, et quelques douzaines d'individus aigris et opportunistes, inconnus du peuple, et qui n'ont rien à faire avec les grandes tâches et les grands projets de la Révolution.

4. L'importance politique de ces actions procède des circonstances suivantes :

La microfraction a eu tendance à reprendre les arguments utilisés et les positions adoptées contre notre Révolution par les pseudo-révolutionnaires latino-américains et par la « Central Intelligence Agency » des Etats-Unis.

On est parvenu à la conclusion ci-dessus après avoir analysé les activités, les méthodes et les arguments employés par ces éléments.

Le fait que leurs objectifs étaient absurdes et impossibles à réaliser, étant donné qu'ils manquaient de tout soutien parmi notre peuple, n'affaiblit pas la gravité de leurs actes, à la fois criminels et hostiles au Parti.

En premier lieu, parce que, pour des raisons de principe, il est absolument intolérable que de tels procédés soient utilisés au sein de la Révolution cubaine.

En second lieu parce que, en ce qui concerne les conditions particulières d'un Etat socialiste, les activités menées par cette microfraction violaient — à la fois par leurs méthodes et leurs objectifs — la légalité et les principes communistes, conspirant ainsi effrontément contre le succès de la Révolution.

Enfin, parce que les arguments utilisés par de tels éléments, en coïncidant avec ceux des thèses des pseudo-révolutionnaires d'Amérique latine et des impérialistes, situent en fait ce groupe dans le cadre des forces s'opposant à la Révolution.

C'est pourquoi : le Comité Central du Parti a adopté à l'unanimité les résolutions suivantes :

Premièrement : approuver dans sa totalité le rapport sur les activités menées par cette microfraction soumis au Comité Central par sa Commission des Forces Armées et de Sécurité d'Etat.

Deuxièmement : exclure du Parti, d'une manière déshonorante, les membres du Parti impliqués dans ces crimes. Ces membres sont : Anibal Escalante Dellundé, Octavio Fernandez Boris, Emilio de Quesada Ramirez, Luciano Argüelles Botella, Orestes Valdés Pérez, Raul Fajardo Escalona, Luis M. Rodriguez Saenz, Lazaro Suarez Suero et Marcelino Menendez Menendez.

Troisièmement : soumettre aux Tribunaux Révolutionnaires le rapport sur les enquêtes effectuées par les organismes du Comité Central, afin qu'ils puissent juger des crimes conformément à leur autorité et aux procédures prescrites par la loi.

(La Havane, 25 janvier 1968. Année de la Guérilla héroïque. Le Comité Central du Parti Communiste de Cuba.)

La première chose à noter est l'accent mis par la direction du Parti sur le peu d'importance politique des accusés : « Cette infinitésimale microfraction... ce groupe minuscule... seulement neuf membres du Parti et quelques douzaines d'individus aigris et opportunistes inconnus du peuple et qui n'ont rien à faire avec les grandes tâches et les grands projets de la Révolution... manquaient de tout soutien parmi notre peuple. » Ce langage avait-il pour but, comme certains observateurs de la situation cubaine l'ont suggéré, de détourner l'attention d'un complot plus sérieux contre le régime ?

Non, pas du tout. Raisonner de cette façon, c'est ne rien comprendre à l'affaire. Il n'y avait parmi les accusés qu'une seule personnalité de premier plan, Anibal Escalante ; il était et il est toujours à juste titre l'un des hommes les plus impopulaires du pays.[8] Les autres étaient, littéralement, inconnus, et n'avaient, de toute évidence, aucun appui parmi le peuple. Pourquoi, dans ces conditions, cet homme impopulaire et

---

8. Escalante avait été l'un des dirigeants du Parti Communiste d'avant la Révolution — le Parti Socialiste Populaire (P.S.P.) — et il devint le secrétaire à l'organisation de l'O.R.I. (Organisation Révolutionnaire Intégrée), qui fut constituée à la première étape de la formation d'un nouveau Parti Communiste, post-révolutionnaire. Escalante profita de ses fonctions pour constituer un appareil politique personnel dans la tradition stalinienne classique. Il fut chassé par Fidel en mars 1963, et s'embarqua pour l'Union Soviétique, où il resta jusqu'à ce qu'il soit autorisé à rentrer à Cuba en 1964. L'attaque de Fidel contre Escalante fut extrêmement populaire. Après son retour, Escalante se vit confier la direction d'une entreprise avicole d'Etat. C'est là, dit-on, que les hommes de la microfraction tenaient la plupart de leurs réunions.

ce groupe obscur ont-ils été mis en avant par un procès spectaculaire et frappés d'une peine sévère ?[9]

La seule réponse plausible à cette question est que l'on s'est servi d'eux pour faire un exemple, pour lancer un avertissement à d'autres. Mais à qui ?

Une hypothèse est que l'avertissement était destiné à l'Union Soviétique et aux autres pays socialistes d'Europe orientale, afin qu'ils mettent un frein à leur intervention dans les affaires cubaines. Il est exact que les « microfractionnistes » étaient accusés d'avoir exprimé leurs doléances à des personnalités officielles soviétiques, est-allemandes et tchécoslovaques, dans le but d'influencer la politique de ces pays vis-à-vis de Cuba. Toutefois, dans le compte rendu détaillé de ces activités qui se trouve dans le rapport de Raul Castro, les personnalités officielles en question sont tout au plus accusées d'avoir recueilli des indiscrétions. Et Raul a interrompu son rapport pour rendre hommage aux techniciens du bloc soviétique, ajoutant : « Je peux affirmer personnellement que ces dernières années des milliers d'officiers soviétiques, comprenant conseillers, spécialistes et techniciens, ont travaillé avec nous dans les Forces Armées ; et on ne peut leur faire aucun reproche : bien au contraire, ils nous ont laissé un souvenir agréable, et nous leur sommes profondément reconnaissants. » Un avertissement destiné aux pays du bloc soviétique aurait été certainement formulé dans des termes très différents.

Une deuxième hypothèse est que l'avertissement s'adressait à d'autres anciens membres du P.S.P. Ceci est à première vue plausible, car il n'y a aucun doute que, par suite de la détérioration, au cours de ces

---

9. Escalante a été condamné par le Tribunal Révolutionnaire à quinze années d'emprisonnement. Huit autres accusés ont été condamnés à douze ans de la même peine, six à huit ans, cinq à quatre ans, six à trois ans, un à deux ans. Deux furent renvoyés à la juridiction militaire.

dernières années, des relations cubano-soviétiques, les anciens membres du P.S.P. ont été considérés comme des opposants potentiels — et étroitement surveillés. Dans les documents publics, cependant, rien ne met en cause d'autres anciens membres du P.S.P. pour leur activité oppositionnelle. Au contraire, on s'emploie à les rassurer. La déclaration du Comité Central citée plus haut souligne qu'il est important de faire une « nette distinction » entre l'attitude des « microfractionnistes » et « la conduite honnête, désintéressée, révolutionnaire et communiste de la quasi-totalité des hommes et des femmes qui, issus des mêmes rangs (P.S.P.), ont conservé dans le passé et conservent actuellement une position sincère, loyale et communiste ». Et, sur les trois hommes qui, avec Anibal Escalante, dirigeaient autrefois le P.S.P., deux (Blas Roca et Lazaro Peña) sont mentionnés nommément dans le rapport de Raul Castro comme ayant rejeté les ouvertures de la microfraction ; quant au troisième (Carlos Rafael Rodriguez), il a prononcé devant le Comité Central un discours critiquant sévèrement Escalante et ses amis, qui fut publié en entier dans *Granma*. Là aussi, nous pouvons dire qu'un avertissement destiné aux autres anciens membres du P.S.P. aurait été formulé en des termes très différents.

Il ne reste donc plus qu'une seule explication possible, c'est que l'avertissement était destiné à tous les Cubains susceptibles d'être enclins à prendre des positions ou exprimer des opinions qui pourraient, à tort ou à raison, permettre de les assimiler à la microfraction. Et même une lecture rapide et superficielle des documents ne laisse subsister aucun doute : des accusations semblables pourraient être formulées contre quiconque critiquerait les dirigeants ou la politique du gouvernement. Les arguments mis en avant par les « microfractionnistes », indique la déclaration du Comité Central, « en coïncidant avec ceux des thèses des pseudo-révolutionnaires d'Amérique latine et des impérialistes, situent en fait ce groupe dans le cadre des forces s'opposant à la Révolution ». Il est probable qu'à peu près toutes les critiques possibles de Cuba ont été formulées à un moment ou à un autre par les pseudo-révolutionnaires (les Partis Communistes pro-soviétiques d'Amérique latine) ou par les impérialistes. Et si l'on veut des précisions, il suffit d'étudier le rapport de Raul Castro. A un moment, Raul a interrompu sa lecture pour ajouter :

« Je mentionne leur attitude consistant à critiquer ou à être contre tel ou tel point afin de clarifier les choses. Dans la matinée, j'ai fait, à un groupe de camarades qui ont étudié le dossier avec moi, la proposition suivante : cherchons s'il existe une seule chose que la révolution ait faite qui ait recueilli le soutien de ces gens-là. En vérité, camarades, nous n'avons pu en trouver aucune qui ait eu l'agrément de ces citoyens. Cela signifie que toutes les mesures prises par la Révolution, importantes ou non, se sont heurtées à leur critique systématique. »

Il est évident que si la microfraction critique tout, quiconque critique quoi que ce soit peut être accusé de sympathie pour la microfraction. Nous ne suggérons pas que les choses soient arrivées à ce point aujourd'hui à Cuba, mais nous estimons que l'affaire de la microfraction crée un précédent, prépare le terrain pour la suppression globale de tout droit de critique à Cuba au moment où les dirigeants décideront, à leur entière discrétion, que les intérêts de la Révolution l'exigent.

Si la liquidation de la microfraction avait été un acte isolé, il n'aurait peut-être pas été utile de lui attribuer une grande importance politique. Mais en fait, elle a été un rouage d'un mécanisme mis en place pour une certaine période. Il y a quelques années, un débat sur les problèmes politiques fondamentaux était encore possible.[10] Le ton était modéré, et les arguments

10. Voir ci-dessus, pp. 175-179.

étaient plus allusifs que directs ; mais cela ne pouvait cacher l'existence de divergences authentiques au sein du gouvernement, et au moins la nature générale de ces divergences pouvait être comprise. Rien de cela n'est possible aujourd'hui. Les périodiques qui se faisaient le véhicule de ce genre de débats ont cessé de paraître. Même le principal organe théorique du Parti, *Cuba Socialista,* qui fut une importante source d'informations et d'analyse, a été supprimé, sans être remplacé. Lorsque nous nous trouvions à Cuba, les écoles du Parti — institutions éducatives spécialement conçues pour la formation des cadres du Parti — ont été fermées, en même temps que disparaissait leur organe non officiel, *Teoria y Practica,* qui publiait d'intéressants matériaux sur les affaires cubaines et internationales. L'un après l'autre, les organes grâce auxquels des opinions autres qu'officielles pouvaient atteindre le public ont été supprimés.

Les derniers reportages parus dans la presse indiquent que la traditionnelle politique de tolérance du gouvernement vis-à-vis des artistes et des écrivains pourrait bien également toucher à sa fin. Une correspondance de La Havane parue dans *Le Monde* du 5 novembre indique notamment :

« Il y a parmi nous des contre-révolutionnaires camouflés qui tentent de susciter dans notre pays des « problèmes tchécoslovaques » et des problèmes concernant le réalisme socialiste. Il est nécessaire d'agir contre ces éléments... » C'est en ces termes que M. Lisandro Otero, vice-président du Conseil National de la Culture, a révélé l'existence d'un certain malaise. Son discours, prononcé à l'assemblée nationale des jeunes écrivains, a été publié lundi par l'ensemble de la presse cubaine. Ce n'est pas par hasard que ce discours, qui a été prononcé il y a deux semaines, paraît à La Havane le matin même de l'annonce surprenante de divergences entre un jury international et l'Union Nationale des

Ecrivains et des Artistes cubains... La réunion des jeunes écrivains, organisée en octobre à Cienfuegos par les autorités, était certainement une initiative prise en vue de la rénovation des structures culturelles désirée par les dirigeants... Cette confrontation (sur les décisions du jury international) pourrait être le point de départ de l'« offensive culturelle » visant à une refonte totale des institutions et de la politique de la Révolution cubaine en ce domaine.

Les difficultés persistantes de la situation économique sont à la base de ces développements et, dans une large mesure, les expliquent. La vie quotidienne est dure, et après dix années, beaucoup de gens commencent à en avoir assez. Mais, il y a autre chose de plus que cela. Les dirigeants révolutionnaires ont fait trop de prévisions optimistes qui ne se sont pas matérialisées, trop de promesses qui ne pouvaient pas être tenues. Ces prévisions et ces promesses ont été faites honnêtement. Elles ont été le produit d'une sous-estimation des obstacles à surmonter plutôt qu'une tentative délibérée de tromper le peuple. C'est un fait important. Mais cela ne change pas grand-chose aux conséquences. Non seulement le peuple commence à en avoir assez, mais il tend également à perdre sa foi, sa confiance dans la capacité des dirigeants de tenir leur parole. Les liens qui unissent les masses à leur gouvernement paternaliste commencent à se détériorer.

Les dirigeants montrent, par leurs actes, qu'ils sont conscients de cette situation. Mais ils semblent penser que la détériorisation est encore limitée à certaines régions géographiques et à certains secteurs sociaux. Principalement les intellectuels, les spécialistes et les fonctionnaires de la capitale. Ils en tirent apparemment la conclusion que la mesure la plus urgente est de faire taire ces gens avant qu'ils ne contaminent le reste de la population. Ensuite, les dirigeants comptent sur une amélioration radicale de la situation économique. Lorsque celle-ci se produira, estiment-ils, les rapports entre le gouvernement et le peuple s'arrangeront, et il ne sera plus nécessaire de prendre des mesures sévères dans le genre de celles qui ont été prises contre la microfraction. Les choses se passeront peut-être de cette façon. Nous l'espérons. Mais dans le cas contraire, s'il y a encore en perspective quelques années d'austérité et de privations, les liens entre le peuple et le gouvernement continueront à se détériorer. Et la logique diabolique de ce processus conduira le gouvernement à s'enfoncer de plus en plus profondément dans la voie de la répression.

Il y a, semble-t-il, deux moyens possibles pour échapper à ce dilemme. Le premier, qui aurait certainement la préférence des « microfractionnistes » et de leurs amis idéologiques à Cuba et à l'étranger, consisterait à ralentir l'allure du développement économique (taux d'investissements plus bas d'un côté, accroissement de la production et de l'importation des biens de consommation de l'autre), à s'appuyer davantage sur les stimulants matériels, à étendre le champ de la production d'articles courants (c'est-à-dire d'une production orientée vers le profit pour alimenter les marchés libres), etc.

Sur le plan international, la contrepartie de cette politique économique droitière serait l'alignement sur l'U.R.S.S. et l'adoption d'une politique extérieure de « coexistence pacifique » tournée vers une éventuelle reprise des relations avec les Etats-Unis. Quelles seraient les conséquences d'un tel programme ? C'est peut-être une intéressante question théorique. Pour notre part, nous pensons que la principale conséquence serait la restauration du capitalisme à Cuba. Mais il n'est pas nécessaire que nous nous en préoccupions ici. Car, si une chose paraît certaine dans ce monde incertain, c'est que Fidel Castro ne consentirait jamais à un tel virage à droite.

L'autre possibilité serait d'essayer de changer le caractère des relations entre les dirigeants et le peuple dans le sens d'une plus grande participation de celui-ci

au pouvoir et aux responsabilités ; en d'autres termes,
un mouvement vers la gauche. Ce ne serait certainement pas facile. Il faudrait briser des deux côtés des
habitudes qui ont leurs racines dans l'histoire. Et il
faudrait lancer une attaque contre les méthodes bureaucratiques du gouvernement allant beaucoup plus loin
que tout ce qui a été tenté jusqu'ici.

Jusqu'à présent, les campagnes contre la bureaucratie à Cuba ont été consacrées, pour l'essentiel, à
réduire dans tous les services les effectifs pléthoriques
et pour une bonne part improductifs hérités du régime
capitaliste, et parfois installés durant les premières
années de la Révolution. C'est certainement une bonne
chose : il serait tout à fait déraisonnable, pour un pays
socialiste manquant sérieusement de main-d'œuvre, de
tolérer cette sorte de chômage déguisé et de privilège
spécial inhérents aux bureaucraties démesurées qui caractérisent le monde capitaliste sous-développé. Mais le
règne de la bureaucratie peut exister indépendamment
de la dimension de la bureaucratie : son essence est la
monopolisation du pouvoir par des fonctionnaires nommés par ceux qui sont au-dessus d'eux dans la hiérarchie, et responsables devant eux.

Dans ce sens, le système cubain de gouvernement
est clairement de structure bureaucratique. Le pouvoir
est concentré entre les mains du Parti Communiste,
au sein du Parti entre les mains du Comité Central,
et, au sein du Comité Central, entre les mains du
Grand Dirigeant (*Maximum Leader*). Cette structure
va du haut vers le bas : d'abord le dirigeant puis le
Comité Central, puis les cadres régionaux et locaux, et
enfin les simples militants. Les Cubains affirment parfois que la méthode qui consiste à sélectionner les
membres du Parti confère au système un caractère
démocratique. En effet, les assemblées de travailleurs
dans les usines, les bureaux et les fermes choisissent
parmi les candidats à la cellule d'entreprise du Parti,
l'ouvrier le plus zélé, le plus politiquement pur, celui

d'entre eux qui a la meilleure conduite. Ceci, affirme-t-on, constitue l'assurance que le Parti représente directement le peuple, et assume le pouvoir en son nom. En réalité, les choses ne sont pas ainsi. Les candidatures à l'appartenance au Parti, proposées par les assemblées de travailleurs, peuvent être refusées par les instances supérieures du Parti, qui tiennent entre leurs mains tous les leviers de commande. Dans ces conditions, les assemblées de travailleurs ne choisissent pas réellement leurs représentants, mais ceux qui vont rejoindre l'appareil d'Etat, et devenir les agents de sa politique dans le cadre local. Il y a beaucoup à dire sur ce système : il fournit des cadres subalternes du Parti, jeunes et capables, proches des travailleurs et respectés par eux. Mais on ne peut dire en aucune façon qu'il constitue une alternative à la domination des bureaucrates.

Dans les conditions prévalant actuellement à Cuba, cette alternative peut-elle être trouvée ? Et si oui, en quoi consisterait-elle ? Nous n'avons pas la prétention de répondre à ces questions. L'histoire nous enseigne qu'en dépit d'une longue tradition d'opposition au système bureaucratique dans le mouvement socialiste,[11] les sociétés socialistes l'ont toutes adopté en pratique, comme le moyen le plus valable de résoudre leurs problèmes initiaux qui sont toujours d'une formidable dimension. L'histoire nous enseigne également que le

---

11. L'essai de Marx sur la Commune de Paris (« La guerre civile en France ») était un hymne à la démocratie directe et une dénonciation implicite du système bureaucratique. Pour Lénine, cette œuvre était l'un des écrits les plus importants de Marx sur la théorie de l'Etat, et à la fin de sa vie il n'a jamais changé d'opinion sur les sujets qui y étaient traités. « Si Lénine fut conduit par les nécessités pratiques à accepter une concentration sans cesse croissante de l'autorité, écrit E.H. Carr, il n'y a aucune preuve qu'il perdit la foi en l'antidote de la « démocratie directe ». Mais il commença à comprendre que les progrès seraient plus lents qu'il l'avait tout d'abord espéré et que le péril de la bureaucratie serait plus difficile à conjurer. » (Une Histoire de l'Union Soviétique : la Révolution Bolchevique, 1917-1923 ; New York : Macmillan, 1951-1960, p. 224.)

système bureaucratique, une fois solidement installé, est extrêmement résistant au changement. En Union Soviétique, il n'y a même jamais eu aucune contestation sérieuse du régime bureaucratique depuis que celui-ci a été fermement établi sous Staline à la fin des années 20 et au début des années 30. Et la volonté de Mao Tsé-toung de ne pas voir la Chine répéter l'expérience soviétique a provoqué un bouleversement de toute la nation, qui a duré plus de deux ans, et dont nous ne connaîtrons pas avant longtemps le résultat final et complet.

Les problèmes de Cuba ne sont pas les mêmes que ceux de l'Union Soviétique des années 20 et de la Chine des années 60 ; et Fidel Castro n'est ni un Staline, ni un Mao Tse-toung. Quoi qu'il arrive à Cuba, il est donc peu pobable que cela soit la répétition d'événements survenus ailleurs à d'autres époques. Mais il semble qu'un nouveau drame historique se prépare à Cuba aujourd'hui. Son développement et son issue ne peuvent que susciter l'attention anxieuse des socialistes révolutionnaires du monde entier.

TABLE DES MATIERES

TABLE DES TABLEAUX

Achevé d'imprimer le 10/7/1970
Impr. Abexpress - 72, rue Château-d'Eau, Paris
Editions Anthropos
Dépôt légal 2ᵉ trimestre 1970 - Nᵒ 104